# Death Education
# デス・エデュケーション 展開ノート

古田晴彦

清水書院

# 推薦の言葉

関西学院大学人間福祉学部教授
死生学・スピリチュアリティ研究センター　センター長
藤　井　美　和

　いのち与えられ「人」としてこの世に生まれた私たちには，誕生と同時に死が与えられている。誕生したからこそ今ここに存在する私たち。しかし私たちは，その先必ず迎える死について考えているだろうか。

　現代は，価値相対化の時代である。さまざまな価値観が広がる中で，生と死の受け止め方も人によって大きく異なってきた。生まれて死ぬのが人間であれば，その主体となる人間がいのちをコントロールしてよいのだという考え，いのちには優劣があり望まれるいのちだけが生まれてくるに値するという考え，生きる意味が見いだせないなら死を選ぶのも自己決定だという考え。これらは私たちの心の中の内なる優生思想と結びつき，さまざまな形で広がっている。しかし反対に，いのちに優劣があるのか，果たしていのちは私たちが自由にできる対象となり得るのか，人の生と死は人が操作するものなのだろうかという議論がある。

　このような現代社会の中で，若い世代に命について考えさせることはたやすくない。なぜなら現代は，若者がいのちを実感する環境を整えていないからである。誕生も死も病院の中で起こる出来事となった現代，生と死はもはや日常生活から切り離されたものとなり，ホンモノの誕生や死は日常生活から遠のいてしまった。その一方で，すぐアクセスできるパソコンやゲームの中には仮想の死があふれている。このような環境の中で育つ若い人たちが，いのちを実感しにくいのはある意味当然ともいえる。

　しかしこのような状況であるからこそ，ホンモノの生と死，いのちの在り方や人間の生き方を問うことが重要になってくる。死を含めていかに生きるかを考える—その教育が，いのちの教育，デス・エデュケーションといわれるものである。

　古田晴彦先生は，関西学院高等部の教員として2002年来高校1年生「現代社会」の中でデス・エデュケーションを実践してこられた。お連れ合いの闘病と死をきっかけにいのちに向き合い，デス・エデュケーションの重要性を身をもって感じてこられた方である。また先生は，ご自分なりのデス・エデュケーションを確立していくために，さまざまな大学の死生学講義を聴講され，その基礎を作り上げてこられた。同じ関西学院の大学で開講されている私の「死生学」も2003年度に聴講され，その際には先生ご自身の経験を学生にお話いただいたこともある。また，先生は高等部の生徒を連れて，私の死生学ゼミに参加されたこともある。大学のゼミに参加する高校生の意欲にゼミ生一同心打たれたものである。古田先生の教育に対する熱い思いには敬服するばかりである。また，こうしてデス・エデュケーションを通して，古田先生と教育についてお話しする機会が与えられたことも感謝である。

本書は，デス・エデュケーションにおいて古田先生がこれまで作り上げてこられたものと，その実践を基にまとめられたワークブックである。特筆すべきは，なによりもまず生徒が考えることを第一にしておられる点である。いのちに向き合うとは，単に与えられた知識を受け取るだけのものではない。まず自分自身に向き合い，その奥にある価値観に向き合うことである。またこの領域の学びは，単に知識が与えられただけでは，なかなか生徒の理解が深まらない。その意味で，まず考えるというワークブック形式は，いのちに向き合う効果的な方法だろう。そしてワークの後に続く丁寧な解説と貴重な情報をもとに，いのちに対する価値観を吟味し深めることができるようになっている。このノートには，教師も生徒も共に学ぶこまやかな仕掛けが作られている。

　デス・エデュケーションは簡単なものではない。しかし本書は，何をきっかけに始めればよいのか，いのちについてどのようにアプローチすればよいのか，その具体的な道筋を示してくれるものである。教育に携わる方々にとって，またデス・エデュケーションを実践したいと考えている方々にとって，本書がその助けになることを信じ祈るものである。

# はじめに

　少子化ともあいまって，少年による凶悪犯罪は統計的には減少傾向にある。にもかかわらず，青少年による凶悪な事件が増加しているという印象を多くの人が持っているように思われる。一つには，マスコミの報道の影響があろう。同じ事件が，全てのテレビチャンネルや週刊誌で何十回，何百回と繰り返し報道されることにより，「日本中の若者がおかしくなってしまった」かのような錯覚を与えている面がある。事件そのものが，人々を震撼させるようなセンセーショナルな性質を持っていることは確かである。しかし，報道の姿勢は冷静で客観的な分析とはほど遠いものが多い。興味本位の取材，事実の断片的な羅列，警察発表をそのまま鵜呑みにした報道，容疑者への短絡的なレッテル貼り，ショックと悲しみの中にある者への想像力の欠如……。視聴者の食いつきをよくするためにはやむを得ない側面もあるとは思うが，「死」に対する私たちの感性，「いのち」の尊厳に対する私たちの謙虚な気持ちを劣化させているマスコミの責任は大きいと言わざるを得ない。一方で，「生と死」について真正面から向き合った新聞記事の特集やテレビ番組も少なくない。これらは，デス・エデュケーションを実践しようとする者にとっては宝の山とも言えるものである。マスコミが私たちに与えている影響にも両面性がある。

　「誰でもよかったから殺してやりたかった」。無差別殺傷事件の容疑者のこのような言葉を聞くたびに，やりきれない思いになる。確かに，絶対に許されない事件である。しかし，「なんてひどいやつだ」と容疑者を非難するだけでは，本質的な問題はほとんど解決されない。格差社会・成果主義・出発の平等が保障されない中での競争原理など，社会が持つ構造的な問題に目を向ける姿勢が視聴者にも求められる。似たようなことは，例えば「モンスター・ペアレント」という言葉にも内在している。自分の子どもを溺愛し，学校や教師に対して理不尽な要求や抗議を繰り返す親のことをモンスター・ペアレントと呼ぶようであるが，これもまた，悪者を特定することで，大切な側面を見えなくしてしまう効果がある。「母子カプセル」という言葉が表すように，夫や親戚，友人などからサポートを得られず，孤独な子育てをしている母親は多い。「地域の力で子どもを育てる」という意識も機能も弱体化している。「自分の子どものことだけ」という視野狭窄に陥る親が増えることも，社会が持つ構造的な問題が大きく関係している。更に，明らかに学校や教師の側に失敗や落ち度がある場合でも，「モンスター・ペアレント」という言葉で，真相が見えなくなってしまうケースもある。

　「誰でもよかった」。この言葉の背景にある，社会の構造的な歪みに対しては，是非生徒たちにも目を向けてほしいと思う。（心理学的な側面からの理解の一助として，碓井真史『誰でもいいから殺したかった！』，KKベストセラーズ，2008を紹介しておく。）

　そのことを前提とした上で，私たちにできることが確実にある。それは，「死」そのものについて多面的に考えたり学んだりする機会を，学校現場で持つことである。

　欧米では，death education（デス・エデュケーション）が，一般の生徒・学生を対象として，あるいは医療・看護系の学生を対象として，あるいは教職員やカウンセラーを対象として行われている。その背景となっているのは，死生学（Thanatology：タナトロジー）と呼ばれる学問領域である。これは，死に関わりのあるテーマに関して，哲学・医学・看護学・心理学・民俗学・文化人類学・宗教・芸術など，人類文化のあらゆる面からアプローチしていこうとする学際的な学問である。この死生学研究の実践分野がデス・エデュケーションであると言える。日本語訳としてはさまざまなものが存在している。「死への準備教育」「生と死の教育」「死を通して生を考える教育」「生と死から学ぶいのちの教育」「いのち教育」……，まだ他にもあるかもしれない。日本では実践の歴史そのものが浅く，取り組んでいる

教師も限られているため，個々の強調点や考え方，性教育とのリンク等の手法の違いをそのまま反映した形となっている。実践している人々の相違点を強調するよりは，共通点の確認に力点を置く方が意義があるとの考えから，本書では「デス・エデュケーション」とカタカナ表記を用いることとした。

　2002年の終わりに，『「生と死の教育」の実践』を清水書院から出版することができた。第一部「デス・エデュケーションを始めるまで」は，4年間に亘った妻のガンとの闘病記録，妻との死別後の私の歩みや学びの紹介が中心となっている。2003年9月に，NHKラジオ「ラジオ深夜便」・こころの時代に出演させて頂いたが，担当の峯尾アナウンサーから，「個人的な体験から執筆を始められた理由はなぜでしょうか？」との質問を受けた。次のように答えた。「今や日本人の3人に1人がガンで死ぬ時代です。近い将来，4割に達するとも言われています。一般的な病気ですから，一般病棟からホスピスへの転院のタイミングなども含めて，私の体験そのものが一つの教材になると考えました。死別体験は個別性が強いものですが，一方で普遍的なもの，多くの人が同じように経験することが存在することも確かです。死別後の私の歩みに関しても，参考にして頂ける部分があるのではないかと考えたからです。」この気持は，今も変わりはない。実際，拙著を読んで下さった方々からの感想では，「最も重要なのは，第一部だと思いました。」というものが多かった。第二部が「実践記録と生徒の声」となっており，ここが全体の中心部分であるのだが，ある方から，「先生の死別体験と実践記録，二つの本が一つになったような感じだ」との感想も頂いた。

　広く，教材として使用しやすくするためにも，実践記録の部分を再構築する形で，本書を執筆することとなった。新たな展開事例も紹介し，内容的には全面的な加筆となった。

　私たちが直面する「死」を体系的に分類しながら，デス・エデュケーションを展開する上で必要と思われるさまざまな事象についての視野を広め，生徒・学生が自らの思考力を耕していけるように促すことが本書のねらいである。

　本書の使い方であるが，自分の頭で考えることを第一にしてほしい。それぞれのセクションに掲げてある問いには，必ずその時の自分の考えや感じ方を記入するようにしてほしい。これからの人生の歩みの中で，さまざまな実体験をし，他者の意見を聞き，書物と出会い，自分の考えが変化していくことは当然起こり得ることである。しかし，「今の時点での」自分の考えや立場を記録として残しておくことはとても大切である。賛成か反対かを問われるようなケースで，考え，悩んだ結果，明確な立場を表明できないというのも，立派な立場表明だと思う。今の時代，白か黒か，イエスかノーかと性急に答えを求める傾向が強い。灰色の領域で，イエスともノーとも言えず悩んだり迷ったり揺れたりすること，あきらめないで粘り強く思考を続けること，この姿勢はこれからとても大切になってくると思われる。ただし，主語は必ず「私は」と自分にすること，これは意識してほしい。

　各セクションで問いを示した後に，解説の部分がある。そのまま活用して頂いてもよいし，一つの参考として授業者が生徒・学生の学びを深めていく際の参考にして頂いてもよいと思う。参考文献も，巻末ではなく，各セクションで紹介している。試行錯誤を重ねながら，生徒・学生と共に作り上げていくところに，デス・エデュケーションの一番の醍醐味があるように思う。

　一般の中学・高校・大学，そして医療・看護系の大学や専門学校で，そしてこれからデス・エデュケーションを実践しようとされている教職員の方々にとって少しでも有用なものとなれば，著者としては大きな喜びである。

## 目次

推薦の言葉　　関西学院大学人間福祉学部教授　藤井　美和

はじめに

## 第1章　人称別の死

### 1 三人称の死 …… 10
1. 「死」のポルノ化 …… 10
2. 死生学を学ぶ理由 …… 12

### 2 一人称の死 …… 17
1. 死の疑似体験（藤井美和先生の授業紹介） …… 17
2. なぜ、死ぬことは怖いのか …… 19

### 3 二人称の死 …… 23
1. 人を殺したいと思ったこと、ありますか？ …… 23
2. 遺された者の悲しみ …… 26
3. 死別の悲しみの中にいる人とのコミュニケーション …… 29
4. 「分かち合いの会」の重要性 …… 32
5. 喪失体験の先にあるもの …… 35

### 4 2.5人称の死 …… 37
1. 医療・看護職の人へ　〜専門性と、専門性から離れる専門性〜 …… 37
2. 新聞の死亡記事を読む …… 39
3. 闘病記を読む …… 40

## 第2章　予測できない死

### 1 事　件　〜犯罪被害者の心理〜 …… 46
### 2 事　故 …… 48
### 3 自然災害 …… 49
### 4 突　然　死 …… 52

## 第3章　予測できる死 ＝ 避けられない死

1 ガ　ン ………………………………………………………… 56
　　1．告知とインフォームド・コンセント ……………………… 56
　　2．子どもにどう伝えるか ……………………………………… 63
　　3．医師と患者・家族とのコミュニケーション ……………… 68
　　4．看護師と患者・家族とのコミュニケーション …………… 71
2 老衰と介護 ………………………………………………… 75
3 エ イ ズ …………………………………………………… 77
4 ターミナル・ケア ………………………………………… 80
5 積極的安楽死 ……………………………………………… 85
6 葬儀について考える ……………………………………… 88

## 第4章　避けられるかもしれない死

1 交通事故 …………………………………………………… 94
2 自　死（自殺） …………………………………………… 98
　　1．いじめ ………………………………………………………… 98
　　2．経済苦 ………………………………………………………… 102
3 孤 独 死 …………………………………………………… 105

## 第5章　避けられる死

1 戦　争 ……………………………………………………… 110
2 戦争で死ぬ、ということ ………………………………… 115
3 軍隊に入れば、愛する家族を守れるのか？ …………… 119

おわりに ……………………………………………………… 122
参考資料「教育と医学」……………………………………… 123

# 第1章
# 人称別の死

# 第1章　人称別の死

> 死生学では、「死」を体系的に考えるための助けとなるように、いくつかの分類をすることがよくあります。人称別の死とは、死んだ人（死ぬ人）が誰なのかに着目した分類のことを言います。この章では、人称別の死について考えていきます。

## 1　三人称の死

直接の知り合いではない人の死，自分の日常生活に影響を及ぼさない人の死のことを，三人称の死と呼びます。ここでは，三人称の死について考えてみましょう。

### 1．「死」のポルノ化

**Q1**　「死」のポルノ化とは，どのような現象を指す言葉なのか，考えてみましょう。

**Q2**　今，こうしている瞬間にも，生まれてくる赤ちゃんがいて，死んでいく人がいます。これは人の世の定めと言えるでしょう。しかし，死亡事件や死亡事故の取り上げられ方によって，「三人称の死」の洪水（こうずい）状態とも言える中で，私たちは生活していると言えないでしょうか。「いのち」や「人の死」が，軽く扱われているとあなたが思った事例を紹介してみて下さい。

**解説** 20世紀後半，医学の進歩とともに「死」のタブー化が進んだと言えます。「死」は医学にとっては敗北とみなされるようになってきました。同時に，病院は患者にとって，「死なない」「死ねない」「死なせない」という場所になってきました。まさに，「死」はタブーとなってきたと言えます。しかし，タブーにされてきた背景にはやはりそれなりの理由もあると思われます。カール・ベッカー氏によれば，昨今では「死」の背後にある悲しみや精神的負担を無視して，死の衝撃(しょうげき)だけを売り物にし，死を人生の最も神秘的な体験から，ゲーム感覚のモノに変化させてしまう傾向が強まっています。ベッカー氏は，これを「死のポルノ化」と呼んでいます。（カール・ベッカー編著『生と死のケアを考える』法蔵館，2000）

同じく，「性」について真正面から向き合って子どもに語ることは，親にとっても教師にとっても長らくタブーでした。現在でも，性を語ることに対して，抵抗感がある親や教師は少なくないと思います。

ベッカー氏は，「セックスと死は，聖なる領域としてずっと守られてきたはずのものである。ある意味で『隠してきた』のも，日常的な仕事や人間関係とは次元が異なるうえに，特別なものとして大切にしたい気持ちが自然に生じるからであった」と指摘しています。

性も死も，ただ単に「隠せばよい」というものではありません。けれども反対に，乱暴に露出させるべきものでもないと言えます。セックスも死も，タブーにされてきた背景には，やはりそれなりの理由があります。

「いのち」や「死」に対して，学び，語り，考えることはとても大切です。しかし，その中で，生命の神秘やかけがえのなさに対し，人間の力を超えたところにある神聖なもの，厳粛(げんしゅく)なものとして謙虚な気持ちを持つこと，このことが求められていると思います。

「死」を取り上げたニュースがあふれています。まさに，「三人称の死」の洪水状態です。実際，「三人称の死」にいちいち感情移入をし，涙を流していたのでは，私たちはボロボロになってしまい，とても心身が持ちません。神様は，「三人称の死」には，いちいち強く反応しなくてもよいように私たち人間を創(つく)られたと言えます。

でも，洪水状態によって私たちの感覚が麻痺(まひ)してしまい，何も感じない，全く反応できないようになってしまっているとすれば……。ときどき，立ち止まって考えてみる必要がありそうです。

**MEMO**

# 第1章 人称別の死

## 2．死生学を学ぶ理由

（1）定期テストやクラブの公式試合の前，あなたはどうしますか？

（2）病室番号や駐車場番号で嫌われる数字は？

（3）自宅で葬儀をしているのを見たことがありますか？

（4）ヴァーチャル（virtual：仮想の，虚像の）な「死」とは，例えばどのようなものでしょうか？

（5）医学や生命科学の進歩により，命や死について一人一人がしっかりと考えざるを得ない時代になってきました。

　ⅰ）出生前診断……胎児の障害の確率が親に知らされる。
　　　　　　　　＜「内なる優生思想」が一人一人に問われる時代。＞
　ⅱ）遺伝子治療　←　遺伝子情報の解読
　ⅲ）組織培養
　ⅳ）告　　　知
　ⅴ）延命治療
　ⅵ）脳死判定
　ⅶ）臓器移植

（6）「死ね！」「殺すぞ！」と聞いて，ドキッとしますか？

**解説**

（1）定期テストやクラブの公式試合など，大切なことで前もって準備ができることについては，ほとんどの人が準備をすると思います。受験や就職なども同じです。

　また，1年に1回，防災訓練や火災避難訓練を実施している学校や企業も多いと思います。ほとんどの人は，「火事を見る」ことがあります。しかし，自分の家や職場が「火事になる」経験をしない人の方が，圧倒的に多数です。一生のうちに一度あるかどうか分からないことに対して，毎年のように準備をしています。

　一方，全ての人が必ず死にますし，ほとんどの人が大切な人の「死」を経験します。それなのに，「死」について準備をしている人は少ないと言えます。

（2）注意をして見ればすぐに分かります。4や9は，「死」や「苦」を連想させるという考えから，避けられています。神聖なもの，あるいは反対に不浄なものとして禁制されるものをタブーと言いますが，「死」そのものが，まだまだタブーとして人々の意識から遠ざけられている現実があります。

（3）現在の日本では，90％以上が病院死となっています。在宅で死を迎える人は減少しています。このことが，自宅で葬儀をしないことにつながっています。今日，特に都市部では，ほとんどの葬儀が葬儀会社が持つホールや斎場・公民館などで行われています。背景としては，次のようなことが考えられます。
①少子化，長男長女化，核家族化，一人暮らし（単身世帯）の増加
②住宅事情の悪さ……同居したくても，狭くて「看取りの部屋」が確保できない。
③都市部における地域コミュニティーの希薄化
　「ムラ」のように，助けてくれる人が多くない。干渉されず，気楽な面もあるが，必要なときに援助の手を期待することもあまりできない。人間関係は，煩わしくもあり，有り難くもあり。このことは，私たちがどのような社会を，共同体を作りたいと考えるのか，そのことと深く関わっている。

（4）在宅から，病院や葬儀会社に「本当の死」が移行してしまいました。このことにより，私たちが本当の死に接する機会は大きく減ってしまいました。例えば，おばあちゃんが亡くなったとします。葬儀が終わるまで，しっかりと振る舞っていたお母さんが，全てが終わって，皆が帰った後，おばあちゃんの写真の前で大泣きをしていました。ずっと，ずっと泣いていました……。このような，「本当の死」に触れる機会はなかなかありません。

　一方で，テレビや漫画，ゲーム，インターネット，携帯電話の中では，「偽物の死」「本当ではない死」が溢れています。これをヴァーチャルな死と呼びます。そこには，涙の味もなければ，線香のにおいもありません。

（5）医学や科学技術の進歩には目覚しいものがあります。治療方法や薬品の知識も，5年も経てば，ほとんど役に立たないということも少なくありません。医師や科学者の中には「できるか否か」に重点を置いて研究を進めている人もいます。「人間がそこまでしてもよいのか」，これを考える学

問を「生命倫理学」と呼びますが，それは哲学者や法律学者・宗教者の仕事であって，医師や科学者の仕事ではないという立場に立っています。命や死が関わる問題について，世界中の人たちを納得させるような規準を決めることは不可能に近いと言えます。従って，生命倫理の研究が，医学や科学技術の進歩についていけず，新しい技術ばかりがどんどん開発されている，そのような社会に私たちは生きています。

「すべて，お医者様におまかせする」「病気になってから考える」，このような態度では対応できない社会になってきています。一人一人が，生命倫理が関係するような数々の問題について，しっかりと考えていく必要があります。

ⅰ）出生前診断

これは，「生まれてきてもよい命」と「生まれてきてはいけない命」とを選別することにつながっていく問題です。この考え方のことを優生思想と言います。かつては，ナチス・ドイツが，「強くて優秀なゲルマン民族」を増やすために，ハンディキャップを持って生まれてきた胎児を殺すということも行っていました。主体は国家権力でした。ところが今日では，胎児の障害の確率等が親に知らされます。そこで，その子を産むのか産まないのかということが，親の判断に委ねられるようになってきました。そこでは，一人一人の中にある「内なる優生思想」と向き合うことになります。大変，重い決断を迫られます。

私たちが「愛」と呼んでいるものを考え直す機会ともなります。条件付きではない，無条件の愛，そのようなものの存在と向き合うことにもなります。「子どもを選ばないことを選ぶ」と言った人もいます。出生前診断を，あえて行わないようにすることも一つの選択です。＜大野明子著『子どもを選ばないことを選ぶ』メディカ出版，2003＞

ⅱ）遺伝子治療

遺伝子情報の解読技術が進み，何歳頃に，どのような病気にかかるかということもある程度分かるようになってきました。今まで，不治の病とされていたものが，発病前の早期治療によって治癒するということは，画期的なことと言えます。しかしその反面，極めて重要で高度な個人情報を，誰がどのような方法で管理するのかということが大きな問題となります。個人情報の不正コピー，流出，紛失なども当然起こる可能性があります。その情報をもとに，就職や結婚の際に差別が行われる可能性も危惧されています。

ⅲ）組織培養

動物を使った実験で，人間の細胞組織が培養できるようになってきました。大きな火傷や顔面の怪我を負った人にとって，この技術は朗報です。しかし，人間が人工的に細胞組織をつくるということは，一方で，「どこまでならばやってもよいのか」という難しい問いを私たちに突きつけます。

ⅳ）告　　知

インフォームド・コンセント（説明と同意）が広まり，ガンなどの告知も行われることが主流

となってきました。ただし，日本では患者本人ではなく，家族に先に知らされることが一般的です。100％告知が病院の方針となっていても，家族の強い反対にあえば，医師は患者に真実を告げることはできなくなります。「悪い知らせの伝え方」も，医師はもっともっと勉強する必要があります。「告知」はまさに，医療現場における古くて新しい課題であると言えます。

ⅴ）延命治療

　患者の死が，医療にとっての敗北と受け取られる傾向が強まるのに比例するかのように，延命技術も進歩しました。末期の患者が数え切れないくらいの点滴や排尿のチューブにつながれている状態を指す，「スパゲティ症候群」なる言葉も生まれました。

　人間らしい，尊厳のある死を迎えたいという人たちの和も広がっています。一方で，「どのような形であれ，この人には生きていてもらいたい」と願う家族もいます。悲惨な事故や通り魔事件の被害者となってしまった場合には，救命救急の現場において，延命治療の技術は大きな意味を持ってきます。突然の出来事，受け入れがたい被害の中で，命を終える人と残される人たちとの「お別れの時間」を作り出すことにもなるからです。

　ガンや老衰で終末期に至る場合と，突然，命の危機に陥る場合とで，延命治療に対する考え方も変わってくるのではないでしょうか。

ⅵ）脳死判定

ⅶ）臓器移植

　長い間，日本では心停止をもって「死」とされてきました。1997年に臓器移植法が施行され，患者が前もって，書面で臓器提供の意思表示をし，家族が反対しないときは脳死判定基準に照らして，「脳死が人の死」とされることになりました。ハードルが高いこともあり，その後もなかなか臓器移植は増えませんでした。

　「死者からの愛の贈り物」として，脳死による臓器移植を称賛する声があります。しかし，本来は脳死状態に陥らないように全力を上げるべき救命治療が十分に行われないのではないかという恐れや，マスコミの報道によって患者や家族のプライバシーが守られなくなるのではないかという不安の声もあがっています。

　日本で，脳死による臓器移植がなかなか普及しない背景の一つとして，「死んだら仏さんになる」「仏さんの身体を早く，きれいな形で帰してほしい」という日本人の死生観が関係していると指摘する人もいます。

　また，この技術の恩恵に預かれる人は先進国の富裕層だけで，「命の重さ」の不均衡も問題となっています。途上国では，不法なルートで貧しい人たちの臓器売買なども行われています。その臓器を買うのは，先進国の豊かな人たちです。15歳未満の臓器提供は1997年施行の法律ではできなかったために，多額のお金（8000万円以上）を募金などで集め，アメリカに渡って移植手術を待つ子どももいました。一方で，これだけのお金できれいな水や簡単な予防接種を用意すれば，死なずにすむ子どもたちも地球上には沢山います。

## 第1章　人称別の死

　「病気で苦しむ人が助かるのだから賛成」と，単純には言えない，複雑で難しい問題が，脳死と臓器移植の背後にたくさんあります。

　海外で臓器移植を受ける日本の子どもに対して，「臓器移植手術は自国の中で」という批判が強くなったこともあり，2010年7月には改正臓器移植法が施行されました。

　改正の大きなポイントとして，①脳死は一律に人の死　②15歳未満の脳死者もドナーになることが可能　③本人の拒否がない限り，家族の同意で移植が可能　となったことを指摘しておきたいと思います。

　交通事故などで，家族が脳死状態に陥った場合。何も考えられないようなパニック状態にある家族が，「残念ながら，脳死状態になられました。移植手術に同意して頂けますか？　それとも，同意して頂けませんか？」と聞かれることになります。何もない，平素から家族で話し合っておく必要があります。更に，この考え方も変化することがあります。1年に一度（例えばお正月）などに，家族の中で確認しておいた方がよい，そのような時代になりました。

（6）「死ね！」「殺すぞ！」という言葉を聞いてドキッとしますか？
　この言葉を聞いて，何も感じないとしたら，あなたに「人権」という言葉を語る資格はありません。人権尊重とは，命を大切にすること，人が人として自分らしく生きていけるように支援することだからです。約4億もの精子が，たった一つの卵子と結びつき，人間の一生が始まります。日本の人口の3倍以上，奇跡的な確率で，あなたがあなたとして，私が私として，今このような形で存在しています。

　病気や事故のため，もっと生きたいのに生きられない人もたくさんいます。わたしたちは，長くてもあと数十年の命です。ささやかな命をプレゼントされている者として，お互いの限りある生を大切にする，そのような連帯感を育んでいく必要があると思います。


「50年後の今日，この教室で会おう」
　この約束をしても，おそらく私はそのときには生きていないでしょう。高校1年生のみなさんも，同じ教室にいる全ての人が65歳まで生きているということはまずないと思います。残念ながら，何人かは人生を終えていると思います。

　50年後と言わなくても，「来年のこの日」と言って約束しても，もしかしたら欠けている人がいるかもしれません。


　これは，推薦の言葉を頂いた藤井美和先生が，「死生学」の講義の最初の時間で学生たちに語りかけられる言葉です。私自身の出発点も，ここにあります。「今日という日を大切に」と言っても，私たちの人生が何百年も続くのであれば，どうしても説得力に欠けるように思います。お互いに，この地上で残されている時間は，長くてもあと数十年です。私たちの人生が有限であるということを，しっかりと見つめること，そこから，ゆるされて生かされているこの人生を，どのように生きるのか，そのことを皆さんが考えるきっかけになればと願っています。

　死生学を学ぶ理由はここにあります。

# 2 一人称の死

　自分自身が死ぬことを，一人称の死と言います。生命力豊かな若い人は，自分が死ぬということは「想定外」かもしれません。誰もが，いつかはその時が来るということを理解していながら，考えないようにしている，それが一人称の死かもしれません。

　2008年4月18日の朝日新聞夕刊に，「最期を知り今を変える」と題して，藤井美和先生の「死の疑似体験」授業が紹介されました。その記事をそのまま，掲載したいと思います。

## 1．死の疑似体験（藤井美和先生の授業紹介）

**Q1** 皆さんが，右のような授業に参加していたら，どのような感想を書くでしょうか。

**Q2** 少しずつ自分の自由が奪われていくという状況の中で，人間はどのようなことを考えるのでしょうか。

# 第1章 人称別の死

## 21歳の「私」 重病 12の大切なもの次々手放し

## 最期を知り 今を変える

### 関西学院大「死の疑似体験」授業

若く、健康であれば自分の死について考えることなど、めったにないだろう。しかし最期に何が待っているかを知れば、今の生き方が違ってくる。そんな理念に基づく、関西学院大学（兵庫県）での死生学の参加型授業はユニークだ。教師の実体験に根ざした死も含めてどう生きるかを考える学問である。（磯村健太郎）

今年度の初授業。人間福祉学部の准教授、藤井美和さん（48）が約250人に語りかけた。「死生学は、死に近い人だけのものではありません。死への過程をつづった日記があり、それに沿って「大切なもの」を次々とあきらめることになる。

6月に「死の疑似体験」を行う。21歳の「私」が重病にかかり、死へ向かうという想定だ。過程をつづった日記があり、それに沿って「大切なもの」を次々とあきらめることになる。

学生たちは、まず小さな紙12枚に、自分にとって「目に見える大切なもの」「目に見えない大切なもの」を三つずつ、「大切な人」を3人書く。

教室の照明が落とされ、日記が読み始められる。「2週間前ぐらいからずっと、胃のあたりが気持ち悪い……」。

「私」は病院へ行く。食欲はうなし、がんだろうと、悩んでいる。深呼吸のあと、最初の3枚を選んで破る。手術後、さらに3枚。季節が変わって、また3枚。紙を破るのは、感情を日記に重ね、毎年、大勢が泣き出す。過去の授業では一人の女性はこう書いた。「それはただの『母』という一文字が書いてあるだけの紙片なのに、握りしめずにはいられなかったし、なかなか破ることができなかった。『母』、これだけで世界が違って見えるかのようだ。

最後に残るのは圧倒的に「母」が多い。大切なはずだが、意識ははっきりしていても「携帯電話」などのモノは、ほとんど前半で消える。授業を終えたあと、学生たちは、生きがいと思っていた仕事ではなかった。

「最後に残った大切なものを手にして、目を閉じて下さい」。間を置いて「さようなら」。

### 「母」

藤井さんは「生と死は決して分断されたものではありま

### 突然

せん」と語る。彼女自身の体験に裏打ちされた言葉だ。

新聞社に勤めていた28歳の時、3日で全身が動かなくなる病に襲われた。急性多発性根神経炎。そのまま死ぬ恐れがあった。まばたきさえできないが、意識ははっきりして、涙や鼻水を流れるままにしながら脳裏に浮かぶのは、生きがいと思っていた仕事ではなかった。

「私は何のために生きてきたのだろう」
「何か人のために尽くしたことがあっただろうか。自分を愛してくれる家族に対しては何……。返す先を見つけることも大切です」

3年のリハビリののち、会社を辞め、死生学研究が進む米国に留学した。「死の疑似体験」はその時に学んだ方法を日本流に改良したものだ。

「大切なものをうまく手放すのが人生の課題だと知ってほしい。『奪われる』と思っては悲劇だが、何一つ持たずに生まれてきたのだから、得たものは返さなければなりません。神様へ、字宙や自然へ、あるいは愛する人たちへ……。返す先を見つけることも大切です」

### 返す先

【死の疑似体験の感想（一部）】

●「さようなら」のあとは本当に感謝の気持ちでいっぱいだった。今日家に帰って（家族の）顔を見たら、泣いてしまいそうな気がする。人を許し、人を愛することは、あくせくして得たものではない。天国に持って行けるのは、そうした「たましいの中に蓄えられた豊かさ」こそ、自分の最期を平安にしてくれるのだと思い知らされた。

●今までは自分が"どうされたいか"ということばかり考えて生きてきたのに、最後はそんなことどうでも良くて、相手の幸せばかり祈りました。

●大切なモノ、12個全部が今は私の側にある。今まではなんて幸せだったんだろうと思った。何か嫌なことがあるだろうと自殺したくなる欲求は、こうして具体的に「失うもの」が明示されることで治まったような気がする。

●一命はとりとめたが、翌日、「一生寝たきり」も覚悟するよう告げられた。今度は「生きる意味はあるのか」と自分に問う日が続いた。しかし、家族や病院のスタッフから「あなたはそこにいるだけで貴い」というメッセージを受け取ることができた。

人間として美しく生きただろうか——。クリスチャンである藤井さんは、それまでの人生を丸ごと神に問われていると感じた。

「一番大切な人」の死を想像させ、どんな気持ちかを問う藤井さん。すすり泣く学生もいた＝諫山卓弥撮影

（「朝日新聞」2008年4月18日付）

---

**解説** このようなワークは，自分が健康な時，自分が大病を経験した時，自分の大切な人が大病をした時，自分の大切な人が亡くなってしまった時，その時その時の状況で感じることや考えることがきっと変わってくると思います。まずは自分が健康な時にこのようなワークをしてみましょう。普段私たちがなかなか考えないことを気づかせてくれるかもしれません。

## 2. なぜ、死ぬことは怖いのか

**Q1** 「死」を色としてイメージすると、どのような色になりますか？

**Q2** あなたは死ぬのは怖いですか、それとも怖くないですか。それはなぜでしょうか。

**Q3** 「死への恐怖・不安」の強さを左右する要因として、どのようなものが考えられるでしょうか。

**Q4** 「死への恐怖・不安」が果たしている大切な役割としては、どのようなことがあるでしょうか。

# 第1章　人称別の死

**Q5** 死を間近に意識した人には，四つの苦痛が生じると言われています。
スピリチュアルな苦痛とは，どのような苦痛でしょうか。

（1）肉体的苦痛……身体の痛みや不快感
（2）精神的苦痛……愛する人々との別れ，すべてを失うこと
（3）社会的苦痛……仕事のこと，自分が持っている会社のこと，自分の家族のこれからの生活のこと
（4）スピリチュアルな苦痛（spiritual pain）

---

**Q6** 死の恐怖を左右する要素の一つに，生きる意味を実感として持っているか否かということも関係しているように思われます。

佐野洋子著『100万回生きたねこ』（講談社）　を読みます。

（1）「ねこはもう，けっして生きかえりませんでした」という結末はなにを意味するのでしょうか。

（2）この絵本についての感想を書いてみて下さい。

## 解説

Q.1 「死」を色としてイメージすると，黒・白・灰色というモノトーン系の回答が多いようです。これはやはり葬儀からイメージされているのでしょう。「血」を連想させる赤，心のさびしさを象徴するブルーという回答もあるようです。

Q.2 少数派ですが，「死ぬのは怖くない」と答える人がいます。少数意見を表明すること自体，とても勇気がいることです。できれば，なぜ怖くないのか，その理由を聞かせてもらい，他の人たちともその思いを分かち合えれば，お互いの死生観がより豊かなものになると思います。多くの人は，私を含めて，死ぬのは怖いと答えます。

　　理由としては，「痛くて苦しそう」「全てが無になってしまう」「大切な人と会えなくなる」「自分はまだ16歳。やり残していることがたくさんあるのに，できなくなる」などが多いようです。

Q.3 「死への恐怖・不安」の強さを左右する要因としては，次のようなものがあります。
　（1）具体的に，死に直面しているか，否か。
　（2）死後の世界を信じるか，否か。
　（3）自分の生命以上に価値を認めるものがあるか，否か。＜家族の生命，本人が抱く理想，民族の繁栄など＞

Q.4 暗い夜道を一人で歩くことを避けるなど，生命の危険を回避させることは，「死への恐怖・不安」が果たす，大切な役割です。また，自らの死を前にして，芸術や創作活動にエネルギーを傾ける人も増えます。これは，自分の死後も存在しうるものを創り上げたいという願いから生じている力と言えるかもしれません。

Q.5 死にゆく人が最優先する強い願いは，肉体的な苦痛を取り除いてほしいということです。ホスピスの医師は，この点にまず全力を注ぎます。家族や友人の存在により，孤独感が緩和され，ソーシャルワーカーなどの援助により，社会的な苦痛もある程度緩和されたとします。

　　最後の最後に残される痛みが，スピリチュアル・ペインと言われる痛みです。得体の知れない世界，霊魂の世界を「スピリチュアル」と称して，スピリチュアル・ブームも起きているようですが，これは正しい使われ方ではありません。

　　霊的・宗教的・心情的とも訳されていましたが，概念の定義そのものが日本語では確定しにくく，人々の理解を困難にしています。しかし，末期の患者が持つ最も根源的な悩み・苦痛は，このスピリチュアル・ペインであると言われています。

　　代表的な問いは，「自分の人生に意味はあったのか？」「なぜ，いま，この自分が死ななければならないのだ？」「死んだら，自分はどうなるのか？」などです。

　　これらは，いずれも「答えのない問い」です。全ての人を納得させるような模範解答があるわけではありません。

# 第1章　人称別の死

　だからと言って,「答えはあなた自身がみつけるしかない」「あなた自身の問題だ」と言って突き放してしまうのではなく,死にゆく人の声に耳を傾けること,逃げ出したくなっても逃げ出さずに「傾聴」すること,このことが周囲の人に求められます。やがては全ての人が,自分の人生を終えることになります。「先に行く人,後から行く人」この心情を大切にして,共感的な態度で寄り添うことができれば,それは送られる人,送る人双方にとって,幸せなことと言えるのではないでしょうか。

**Q.6**　『100万回生きたねこ』は,超ロングセラーとして読み継がれている優れた絵本です。読む人の年齢や状況（恋の始まり,恋の終わり,死別や離別の体験など）によって,受け止め方や想像する世界がさまざまに変化してくる不思議な力を持った絵本です。幼い頃に読んだことがある人も,今,読み返して見ると,きっと新たな何かを感じたり発見したりするのではないかと思います。

　「生きる意味」を十分に知った人は,もうこれ以上生きる必要はないと考え,「死への恐怖・不安」は小さくなるかもしれません。反対に,十分に充実した人生を送ってきた人は,とても幸せであるからこそ,もっと生きたいと強く願い,「死への恐怖・不安」は大きくなるかもしれません。
　皆さんは,どう思いますか？

**MEMO**

# ③ 二人称の死

　自分にとって大切な人（家族、恋人、親友など）の死を二人称の死と呼びます。人生を共に生きていくはずであった人，人生を共に歩んできた人の死です。大切なあの人は死んでしまった。それでも，私の人生は続く。あの人のいない人生を，どのようにして歩んでいけばよいのだろうか……。実は，この二人称の死こそが，人生における最も大きな試練と言えるのではないでしょうか。

## 1. 人を殺したいと思ったこと、ありますか？

**Q1** あなたは今までに，誰かのことを「殺してやりたい」と思ったことはありますか？

----

**Q2** 頭の中で考えることと，それを実行に移すこととの間にはとても大きな溝があります。実際に「殺す」という行動に出なかったのは何故でしょうか？　何が，「殺したい」という気持ちにブレーキをかけるのでしょうか？

----

**Q3** 戦争状態を除けば，殺人は重大な罪となります。ほとんど全ての国の憲法や法律で，殺人が重大な犯罪とされているのはなぜでしょうか？　人を殺すことは，なぜいけないのでしょうか？　10歳（小学校4年生）くらいの子どもが分かるように，説明してみて下さい。

----

# 第1章　人称別の死

## 解説

Q.1　心の中で，「あいつなんか，死んでしまえばいいのに」と考えたことがある人は多いのではないでしょうか。「殺してやりたい」と思うほど，強い憎しみを抱いたこともあるかもしれません。相手は，家族の場合もあれば，自分をいじめている同級生ということもあるでしょう。

　　　新約聖書には，イエス・キリストの次のような有名な言葉があります。

　　　「しかし，わたしの言葉を聞いているあなたがたに言っておく。敵(てき)を愛し，あなたがたを憎む者に親切にしなさい。悪口を言う者に祝福を祈り，あなたがたを侮辱(ぶじょく)する者のために祈りなさい。あなたの頬(ほほ)を打つ者には，もう一方の頬をも向けなさい。上着を奪い取る者には，下着をも拒んではならない。」(ルカによる福音書(ふくいんしょ)6：27-29)

　　　「敵を愛し，迫害(はくがい)するもののために祈れ」(マタイによる福音書5：44)と言われても，私たち人間にはなかなかできないことです。一番近くにいて支え合うはずの家族に対してさえ，憎しみを抱くことがあります。「愛する」ということは，私たち人間には本当に難しいことである，自分の内面を深く見つめるとき，多くの人がこの事実に気づきます。キリスト教で言うところの「罪(自己中心性)」，仏教で言うところの「煩悩(ボンノウ：仏教修行，精神安静のじゃまとなる一切の欲望・執着(しゅうちゃく)，怒り・ねたみなど)」が，「愛する」ということから，私たちを遠ざけています。

Q.2　「殺人を犯すと，死刑になるから」という考え方があるかもしれません。これを死刑抑止(よくし)論(死刑があることが，殺人を思いとどまらせる力になっているという考え方)と言います。しかし，「自分が死刑になるのがイヤだから，殺人をしない」と思いとどまる凶悪犯は，ほとんどいないとする説も有力になっています。殺人を犯す人は，絶望・憎しみ・恨みから自暴自棄になって犯罪に走るか，そうでなければ絶対に犯人として逮捕されないように「完全犯罪」を計画して実行に移すからです。

　　　死刑抑止論にあまり説得力がないとなると，ブレーキとなっている何か別の根拠(こんきょ)を探さなければなりません。

　　　次のような話があります。

　　　ある中学生の男子が，3人組の同級生からとてもしつこい嫌がらせ，イジメを受けていました。「やめてくれ」といくら言っても，全くやめようとしません。あまりにひどく，その内容もエスカレートしていくばかりです。もう耐えられそうにありません。ある日その男子は，自宅の台所から出刃包丁をこっそり持ち出し，「今度，圧力をかけてきたら殺してやる」と決心します。

　　　翌朝，包丁を通学カバンの中に忍(しの)ばせたその男子は，朝食のために1階の食堂に下りてきます。いつものように母親が，「おはよう」「急がないと，遅刻するわよ」と言いながら，朝食を出してくれました。その風景をぼんやりと眺めているうちに，その男子の心に，何か温かいものが流れ，

殺気立っていた力が抜けていくのが分かりました。結局，包丁は自宅において家を出ました。
　後日，そのときの心境の変化を彼は次のように語ってくれました。
　「自分をいじめ続けている同級生，殺してやりたいほど憎くて憎くて仕方のない相手。あいつらのことは絶対にゆるせない。でも，お母さんの何気ない日常の言葉を聞いていると，あいつらにも同じように家族がいる，そのことに思いが及（およ）んだのです。」
　もし自分が死んだら，お母さんはとても悲しむだろう。同じように，あいつが死んだら，あいつのお母さんも深い悲しみに突き落とされることになるだろう。そのことに思いが及んだというのです。それに加え，自分の母親には「殺人者の母親」というレッテルを一生背負わせることになります。
　1対1の関係性で考えているときには，苦しい，辛い，憎い，殺してやりたい，殺すしかないという思いしか頭の中にはありませんでした。でも，自分の周囲にいる人，相手の周囲にいる人，それぞれが大切にしている人間としてのつながりやネットワーク，そのことに思いが向かったことが，復讐（ふくしゅう）を思いとどまらせる力になったというのです。

　Q.3の答え方は，みなさん一人ひとりがよく考えてみて下さい。上に紹介した話も，一つの参考になると思います。

**MEMO**

## 2. 遺された者の悲しみ

　大切な人を失うと、その後の私たちの心や身体はどのようになるのでしょうか。死別の体験は、個別性が強く、一人ひとり異なるものです。同じくらいの年齢で、ガンで妻を亡くすという類似した体験をしていても、家族・親戚・友人・近所の人たち・職場の人たちなど、残された夫を支える「人々の力」はさまざまです。人的なサポートを豊かに得られる人もいれば、そのようなサポートを受けにくい、本当に孤独な人もいます。また、本人が持っている思想・信条・価値観・死生観・信仰などもそれぞれ異なります。

　一方、個別性が強いとは言っても、死別体験の中に普遍的なもの、多くの人が同じように経験することがあるということも確かです。死別体験をした後、私たちがどのようなプロセスをたどるのかに注目して分類したものを、悲嘆のプロセスと言います。

　ここでは、アルフォンス・デーケンの所説を紹介します。(『死とどう向き合うか』、NHKライブラリー、1996)

　一番注意をしなければならないのは、全ての人が、ここに示す順番どおりのプロセスを通るとは限らないということです。定式化して、公式のように理解しないことです。順番どおりに進むわけではありませんし、いくつかの段階が同時進行的に現れることも少なくありません。故人の命日や、知人の葬儀などをきっかけとして、前の段階に戻ってしまうこともよくあります。まさに、「行きつ戻りつ」進むものです。

　更に注意を要するのは、「立ち直り」という言葉です。大切な人を失い、人生最大の危機に直面している人にとって、この言葉はとても受け容れ難いものであると言われています。

**Q1** あなたにとって大切な人（家族や親友、恋人、将来の夫や妻、子どもでもかまいません）を一人思い描いて下さい。
　　ある日突然、赤信号を無視したバイクにはねられて、その人が死んでしまったとします。あなたの心や身体は、どのようになるでしょうか。想像して書いてみて下さい。

------

**Q2** 1年後のあなたはどのようになっているでしょうか。想像して書いてみて下さい。

------

**Q3** 2年後の命日がやってきました。あなたはどのようになっているでしょうか。

------

### 解説

悲嘆のプロセスの12段階（アルフォンス・デーケン）

**（1）精神的打撃と麻痺状態**

何が起こったのか分からない。頭の中が真っ白。心理学的には，心身の衝撃を緩和するための防衛機制の働きと言われています。

**（2）否認**

事実を受け入れることができない。「ウソだろ！」「なぜだ！」「何かの間違いだ！」「信じられない！」

**（3）パニック**

錯乱状態になり，大声を出しながら物を壊したりする人もいます。

この（1）～（3）は，大きくくくると「否認」の段階と言えます。交通事故などの突然死の場合には，ほぼ例外なくこのプロセスから始まると言われています。悲嘆に伴う当然の反応ですが，あまり長引くようならば精神科医や心療内科医，カウンセラーなどの専門家の援助を受けた方が望ましいと言えます。

**（4）怒りと不当感**

「何で私がこんな不幸に」「何も悪いことなどしていないのに」「悪いことをしている連中は，他にたくさんいるじゃないか」

**（5）敵意と恨み**

この感情は，医師に対して，故人に対して，神に対して，他の家族に対して向かうこともあります。

**（6）罪悪感**

「あんなことを言わなければ……」「あの人を死なせてしまったのは，自分のせいだ」

この（4）～（6）は，大きくひとまとめにすると「怒り」の段階と言えます。その怒りが外に向かえば敵意と恨みになりますし，自分自身の内に向かえば罪悪感となります。

**（7）空想と幻想**

「食事の用意をしなければ」という気持ちになったり，ベッドの上にアイロン掛けしたパジャマを用意しておくことが何年も続くこともあります。故人がまだ生きている，帰ってくるように思い込む言動が見られます。

**（8）孤独と抑うつ**

誰とも会いたくなくなり，自室に引きこもり，気分が沈みます。

**（9）精神的混乱とアパシー（無関心）**

生きる意味が分からなくなり，何もやる気にならなくなります。

この（7）～（9）は，大きくとらえると「抑うつ」の段階と言えるでしょう。楽しいことやうれしいことなどを全く考えることができません。

### (10) あきらめ───受容

　日本人の死生観の柱となっているのが、「あきらめ」と「覚悟」であると言われています。「あきらめる」は、「あきらかにする」から来ています。「あの人は死んだ」という事実を、「仕方がない」「仕方がない」「仕方がない」と、何百回、何千回、自分自身に言い聞かせながら、その受け容れがたい事実を受け止めます。そして、「あの人がいない人生を、自分は生きていかねばならない」と「覚悟」を決めます。

### (11) 新しい希望　　ユーモアと笑いの再発見

　故人のことを時々忘れたり、残された家族が笑顔で故人の思い出話をすることができるようになれば、かなり回復が進んだと考えられます。ユーモアとは、「にもかかわらず笑うこと」というドイツの格言があります。苦しい、悲しい、辛い、笑ってなどいられない……だがしかし、にもかかわらず、この苦しみでわたしの人生の全てが塗りつぶされるわけではない、このような心境に立つことができれば、人生の次のステージが見えてきます。

### (12) 立ち直りの段階　　新しいアイデンティティの誕生

　1995年1月17日の阪神・淡路大震災のあと、「神戸の復興(ふっこう)とは何か」ということがかなり議論されました。「壊れた建物が元通りに戻ることが復興なのではない。震災から得た教訓を、日本の各地に、世界に発信していくこと、これが真の復興だ」という声が強くなりました。マイナスとしか思えない体験から学ぶ、そのことを発信していくということです。愛する人と死別して、その人が元気に生きていた頃の元の自分に戻るなどということは不可能です。そうではなく、その辛い体験を通して、以前よりも成熟した人格へと成長する人がいるということを、私たちは是非知っておきたいと思います。

　悲しみの中にいる人に共感する力、人生の有限性への自覚、人との交わりや自然の恵み・美しさに感謝する心……このような人生観の変化は、「ストレスによってもたらされた成長」と表現することもできます。

　この（10）〜（12）は、「踏み出し」の段階として、くくることができるかもしれません。

**MEMO**

## 3. 死別の悲しみの中にいる人とのコミュニケーション

　死別体験は、「小さな死」とも言われています。私たちが生きているということは、ただ単に生物学的に生きているというだけではなく、誰か他の人の気持ちや心の中で生きているということです。大切な人が死ぬということは、その人の心の中で生きていた自分自身、すなわち、自分自身の一部分が死んでしまうということです。「身体の一部をもぎ取られたような体験」「胸をかきむしられるような思い」、死別体験をこのように表現する人もいます。

**Q1** あなたの親友が、家族を失いました。葬儀が終わった後、学校に出てきたその親友に、あなたはどのような言葉をかけますか？

**Q2** その親友に対して、あなたはその後、どのように接しますか？ どのような行動が、その親友を支えることになると思いますか？ 具体的に考えてみて下さい。

**Q3** 死別の悲しみの中にある人に対して、してはいけない言動としては、どのようなものがあるでしょうか？

# 第1章　人称別の死

**解説**

Q.1　大切な家族を失って悲しみの中にあるのに，周囲の人たちからの言葉によって更に傷ついたという経験を持つ人は少なくありません。周囲の人たちに悪意はありません。気まずい沈黙が流れたときに，「何か言わなければ」と思って，つい口にしてしまう言葉で，遺族は更に傷つきます。このことは，知っておいた方がよいと思います。

　基本的に，言葉には力がありません。ここでは，反対にコミュニケーションの妨げになる言葉，かけない方がよい言葉を紹介します。私自身は，2000年5月に妻と死別した体験を持っています。私自身が直接言われた言葉や，死別体験者の分かち合いの会で参加者が，「言われて嫌だったこと」として紹介してくれた事例も含まれています。

### (1) 頑張って下さい

　私自身，最もよく聞いた言葉です。しかし，最も聞きたくない言葉でもありました。「頑張って下さい」と言われると，言っている側と言われている側の間に断絶ができるような気がしました。これは，英語のDo your best！を超えています。「今のままでは，君はダメだ。もっと頑張れ！」このように聞こえてしまいます。「使っている側に悪意はないのだから，もう少し寛大になれないのか」と言われたこともありますが，やはり安っぽい励ましの言葉に思えて仕方がありません。

### (2) あなたの方がまだまし

　これも，言われる人が多いようです。いわゆる悲しみ比べです。私の悲しみは，私の悲しみです。他人の悲しみと比較しても何の意味もありません。同じような体験をしている人でも，家族関係や友人関係を含め，それぞれの悲しみは一人一人異なります。その人の悲しみは，本当のところはその人にしか分からないものです。

### (3) もう立ち直れた？

　死別後半年を経過したあたりから，世間は「立ち直り」を要求してくるように感じられます。それぞれが忙しい日常生活を送っているので，いつまでも悲嘆に沈んでいるわけにはいかないことは，当然と言えば当然です。死別後1年，あるいは2年で多くの人が立ち直ると言われていますが，それはあくまでも日常生活のリズムを確立するということです。

　悲しみそのものがなくなるわけではありません。私自身のことを振り返ってみても，死別後の煩雑な実務的処理が終わり，日常生活のリズムがある程度確立されるようになってから，妻のことを思い出すことがむしろ多くなったように思います。悲嘆のプロセスは，考えられている以上に時間がかかるし，それぞれのペースで進むものであることを理解しておく必要があります。

### (4) 時が全てを癒すから大丈夫！

　いわゆる「時薬（ときぐすり）」です。時間の経過とともに，多くの人が日常生活に必要な機能を回復していくことは確かです。けれども，大切な人を喪失して大丈夫な人などいません。特に人生が大きく変化してしまった，死別後間もない時期にこの言葉をかけられても，何の意味もないし聞かされた方は辛くなるだけです。

### (5) 早く再婚して新しい生活を始めてください

　これも，死別後間もない時期によく言われました。私自身の人生なので，私が自分で考える分には

構わないと思います。しかし，人から言われることではないと思います。一般的に，新しい人間関係を構築し始めるのに，2年間くらいは必要と言われています。転職・転居・結婚等の大きな変化は，その期間は避けた方が望ましいと言えるかもしれません。

### (6) 楽になってよかったね

遺族にとって「よかった」などという事柄はありません。私自身，確かに病院通いから解放されたという点では，楽になりました。しかし，精神医学者の小此木啓吾氏が『対象喪失———悲しむということ』(中公新書，1979) の中で指摘しているように，愛する人を失い，対象を失った悲しみは「楽になってよかった」というような感情からはほど遠いものです。時間的・物理的・実務的には確かに楽になったと言えるのかもしれません。しかし，感情的には悲しいし寂しい。

私自身，妻の4年間の闘病生活を支えたわけですが，「支えることによって，そのような自分が生かされている」という側面もありました。妻を天に送った後では，心にポッカリと穴があいてしまったというのが正直な感覚でした。

Q.2 言葉に力がないとなると，私たちはどのようにして悲しみの中にある人を支えることができるのでしょうか。これは，とても難しい問いです。

　　二つのことを考えてみてほしいと思います。一つは，doingよりもbeingということです。何かを「する」ということよりも，逃げ出さないで「共にいる」ということが大切です。もう一つは，face to face (向き合って) よりも，side by side (横に並んで) という関係性です。共に並んで，人間の力を超えた大いなるものを一緒に見つめる。見つめるものは，永遠，真理，神秘，神，天国，極楽……。裏返せばこの行為は，この地球で限られた時間を許されて存在しているお互いへの思いや感謝につながっています。

　　具体的なサポートとしては，死別の悲しみの中にある人は，家事そのものがとても憂うつになったり，考えられなくなったりしますので，食事に誘ったり，食事を作ったりということは喜ばれるかもしれません。

Q.3 私の娘たちによると，母親を亡くしたことによって，特別扱いをされたり同情されたりするのはいやだということです。でも，だからと言って「全く何の配慮もなし」というのも辛いと話していたことがあります。これは，遺族が複雑な感情を持ちながら生活していることの一例ですが，周囲の人にとっては，「どのように接したらよいのか分からない」という気持ちになるのも無理はありません。

　　距離をおきながらでも，「あなたのことを心に留めているよ」ということを，さりげなく伝えることができれば，それが一番よいのかもしれません。

　　難しい課題ですが，悲嘆のプロセスを学び，知識として理解しておくことは，実際の場面で，悲しみの中にある人の言動を理解する上で助けとなるでしょう。

## 4.「分かち合いの会」の重要性

　死別の悲しみの中にある人にとって，しっかりと自分の感情や気持ちを聞いてもらうということは，とても意味のあることです。弱っているとしても，前に進んでいく力は，それぞれの人の中に残っています。その力をアップさせるために，「しっかりと話を聞いてもらう」ということは，私たちが考える以上に大切なことです。

　ただし，苦しい感情や辛い体験です。誰でもよいから話すというわけにはいきません。話し手の方が，「この人なら」と，聞き手を選ぶと言ってもよいでしょう。その点，大切な人との死別体験を持つ人どうしであれば，思いが通じやすく，「分かってもらえた」という気持ちになりやすいようです。

　目線を合わせて，心をこめてしっかりと話を聞くことを「傾聴(けいちょう)」といいます。簡単なワークを通して，体験してみましょう。

**Q1**　二人一組で，短い話をしてみましょう。（時間は1分間くらいでかまいません。）
　最近，うれしかったことを思い浮かべて下さい。
　話す側の人は，そのことを相手に伝えて下さい。聞く側は，目線をそらし，いい加減に聞きます。絶対に，話し手の目をみてはなりません。
　時間が来たら，話し手と聞き手が交代します。

　話し手としての感想を書いてみて下さい。

---
---
---
---
---

**Q2**　同じ二人一組で，今度は，最近腹が立ったことを思い浮かべて下さい。
　話す側の人は，そのことを相手に伝えて下さい。聴く側は，話し手の目（恥ずかしければ額，あるいはネクタイの結び目）を見て，うなずきながらしっかりと聴きます。
　時間が来たら，話し手と聴き手が交代します。

　話し手としての感想を書いてみて下さい。

---
---
---
---
---

**解説** 死別体験者の「分かち合いの会」としては，ホスピスなどが遺族へのケアとして運営している会，全国に展開している「生と死を考える会」，遺族たちが自分たちで集まって運営しているセルフ・サポート・グループ（ex. 神戸ひまわりの会）などがあります。

時間の経過とともに，遺族にとっては，「私はやっぱり寂しいんです」「まだ辛いんです」と表現できる場所や機会が少なくなっていきます。このような会に来ると，「私もです」「分かります」という共感的な反応に包まれます。ただし，参加者は女性が多いようです。競争原理が支配的な職場を中心に生きてきた男性は，「人に弱みを見せる」ということが苦手なようです。「男は，人前で涙を見せるな」という文化が刷り込まれていることも関係しているでしょう。しかし，女性も男性も，悲しいときは悲しいのです。悲しみを表現できないということが，その後の心身の不調につながることも少なくありません。しっかりと悲しみを表現できた人の方が，悲嘆のプロセスでの停滞期間は短いとも言われています。

これらの「分かち合いの会」に共通する約束事があるようです。

**（1）批判をしたり，アドバイスをしたりしない。（裁かない，教えない）。**

遺族の中には，それまでさまざまなところで周囲の人たちからの言葉によって傷ついている人がいます。その人の気持ちや感情を，ありのままに，受け止めるように心がけましょう。その人にとって良かれと思ってアドバイスをすると，「アドバイスをする人」「される人」という上下関係・依存関係ができてしまいます。どうしてもアドバイスを求められた場合には，あくまでも自分の経験として，選択肢を示す程度に留めるのがよいでしょう。（例「こんなこともできるかもしれませんね。」「私自身は、この方法がよかったみたいです。」）

**（2）自分のことを話しましょう。**

大切なのは，自分自身の感情や気持ちを聞いてもらうことです。「○△さんから聞きました」という間接的な話題はあまり意味がありません。男性の参加者の中には，日常の様子を話すことに終始する人も見受けられます。「人に弱みを見せる」ということに不慣れであったことが，ここでも影響しているのかもしれません。

**（3）秘密を守りましょう。**

「分かち合いの会」で話したことを，会の外でしゃべられたのでは，たまったものではありません。安心して自分の気持ちを語ることもできなくなります。会で知ったことは，会の中だけで留めて絶対に外では話さないこと。当然ですが，これは大切なルールです。

今後に向けて，大きな課題が三つあるように思います。

一つは，小さな規模でもよいから，近くに「分かち合いの会」ができることです。このような会に参加する人は，ある意味で悲しみと向き合うエネルギーがある人と言ってもよいかもしれません。参加したい気持ちがあっても，遠方の人や足腰の弱い人は，参加が難しいのが現状です。理想的には，お寺や教会や公民館などで，「傾聴」のボランティア・サークルのようなものがもっとたくさんできれば，人々の悲嘆のケアにとって助けになると思います。

二つ目は，「傾聴」ボランティアをはじめ，そのような会の重要性を理解している人が社会にもっと増えることが必要です。単身世帯が増え，家族の構成人数も減っています。地域社会で助け合う仕組み

も，都市部では弱くなっています。市民が，自分たちの手で自分たちに必要なネットワークを作っていく，これからはそのパワーが求められます。「傾聴」の必要性を理解している人が社会に増えること，時間はかかりますが，これは教育の役割と言えます。

　三つ目は，親と死別した子どもたちに対するケアです。大人の場合には，言語化もできますし，数はまだ限られているとは言え，「分かち合いの会」も存在しています。親を失った子ども（兄弟を失った子ども）は，残された親が悲しむのを見て，「自分は悲しんではいけない。これ以上，親を悲しませてはいけない」と考え，自分の悲しみを封印してしまうことが多いようです。表現できなかった悲しみが，その後の心身にさまざまな影響を与えるのは，大人も子どもも同じです。

　年齢が幼いほど，周囲には両親がそろっている友だちが圧倒的に多いという現実があります。同じような悲しみ，心の傷を負った仲間と知り合ったり語り合ったりできる機会が大人に比べて大きく限られています。

　親と死別した子どもたちに，心のケアを提供している団体としては，日本では「あしなが育英会」があります。全体的に見て，そのような団体の数も活動場所も大きく不足しているのが現状です。幼くして親を失った子どもは，時間の経過と共に悲しみが薄れていくのではなく，悲しみが積み重なっていくと言われています。進学，成人式，就職，結婚など，人生の大きな節目の度に，「お父さんに見せたかった」「お母さんは喜んでくれただろうか」と考えるからです。

　周囲にいる人たちの理解とさりげないサポート，これも無視できないポイントであると思います。

**MEMO**

## 5. 喪失体験の先にあるもの

**Q1** 今までに，何かを失って悲しかった経験を思い出して書いてみて下さい。

---
---
---
---
---

**Q2** ストレスやピンチは，人間を壊してしまうこともあります。しかし，それだけではありません。喪失体験と向き合って生きることが，人間としての成長の機会になりうることもあります。次の資料を読んで，「小さな死」と再生について，考えたことを書いてみて下さい。

　107名もの命が失われた2005年4月25日のJR福知山線・尼崎での事故。命はつないだものの，大きく負傷した人も多い。当時，同志社大学経済学部の2年生であった林浩輝さんもその一人である。2006年9月にフジテレビ系列で，『もっと強く生きる』と題したドキュメンタリー番組が放送された。事故から24時間後に救出された浩輝さんは，全身打撲のクラッシュ症候群で，いつ死んでもおかしくない危険な状態であった。命を救うために，両脚切断が行われる。「事故のときも苦しかったけれど，助け出されてからなんでこんなに苦しまなあかんねん。こんなに苦しい思いをしてまで生きる価値はない。」友人たちからの励ましの言葉にも，「じゃあ，お前は俺の代わりになれるのか？」と反発を覚え，死ぬことばかりを考えるようになる。誰にも心を開かなかった浩輝さんだが，担当看護師の「生きていたことが，何よりの親孝行なんだから」という言葉で考えを徐々に変えていく。

　「俺の人生は，この事故で変えられたくない。」そこから，苦しいリハビリに立ち向かい，遅れを取り戻すための猛勉強も始める。「同情されたくない」という思いから，大学近くのアパートでの一人暮らしを決意する。再起に動き出した浩輝さんが，どうしても訪ねなければならない場所があった。事故当日，懸命な救助に当たってくれた消防隊員たちのところである。両親も遮断しての再会で，浩輝さんは消防隊員たちに次のように伝えた。「僕は生きていますから。有り難うございました。」親に対しては素直に感謝の言葉を伝えられない浩輝さんだが，番組の締めくくりの部分で次のように語る。「死んでいてもおかしくない状況でせっかく生かされた命。自分が自立する姿を見せたい。それが，親や友人や支えてくれた人たちへの恩返しになると思う。」

---
---
---
---

# 第1章　人称別の死

**解説**　生きていく中で，私たちが新しく得るもの，獲得していくものはたくさんあります。若い人たちならば，特にそうでしょう。でも反対に，失っていくものも実にたくさんあります。喪失体験の連続が人生，そのように言うこともできます。

　健康，仕事，地位や名誉，友人や恋人，家族，住み慣れた環境，自尊心（プライド），一緒に生活していた犬や猫，大切にしていた宝物……さまざまなものを失いながら，私たちは人生を歩んでいきます。「なぜ私だけが？」という思いにとらわれることも珍しくありません。答えの出ない問いです。

　私は皆さんに伝えたいことがあります。それは，「そのとき」だけにとらわれるのではなく，10年後の自分を考えてみてほしいということです。小学生には難しいかもしれませんが，高校生であれば，10年というスパン（期間）で自分の人生を考えてみることは可能なのではないでしょうか。今は悲しいし苦しいし辛い。けれども，人生は悲しみや苦しみだけで塗りつぶされるものではありません。人生は必ず展開していきます。嬉しいことも楽しいことも生きていてよかったと思えることもあります。今はまったく光が見えなくても，いつか光が差し込むこともあります。喪失体験そのものは避けることができません。もし私たちが自由に選ぶことが許されるのなら，できれば避けたい経験です。しかし，その後の人生をどのように生きていくのかは，その人に与えられた自由です。苦しみによって，憎しみ深くなるのか，それとも人間としてよりよくなるのか，それはその人に与えられた自由です。

　皆さんには，是非このようなことを考えてみてほしいと思います。

　林浩輝さんのドキュメンタリーですが，番組のタイトルである，『もっと強く生きる』には，私は抵抗があります。予想もしない大事故に巻き込まれ，人生を変えられてしまった人たち。浩輝さんのように，「強く生きよう」という心境に至るまでに，もっともっと長い時間を必要とする人たちも少なくないと思います。周囲からのサポートを得にくい孤独な負傷者もいると思います。「強く生きられる人」がモデルになることで，「強く生きられない人たち」は，更に苦しい心境に追い込まれる可能性もあります。この点には注意が必要だと思います。

　しかし，「喪失体験の先にあるもの」を考える際に，林浩輝さんのような具体的な事例は，私たちに貴重なヒントを与えてくれると思います。絶体絶命と思えた経験が，自己成長のチャンスになることもあります。

　「小さな死」とも言われる喪失体験。避けることができない喪失体験。けれども，その先にあるものを大人も子どもも，同じ人間として見つめることができれば，少し高いところから自分の人生を広く見渡すことができれば，そのようなことに思いをめぐらせたいと思います。

# 4　2.5人称の死

## 1．医療・看護職の人へ　〜専門性と、専門性から離れる専門性〜

「2.5人称の死」　これは，作家の柳田邦男さんが提唱している言葉です。

**Q1**　2.5人称の死とは，どのような死のことを言うのでしょうか？
3人称の死，2人称の死とは，どのように異なるのでしょうか？
「想像力」という言葉をキー・ワードにして，自分の考えを書いてみて下さい。

**Q2**　「経験しなければ分からない」「同じような体験をしない限り，その辛さや苦しみを理解することはできない」という考え方のことを，経験絶対主義と言います。
経験絶対主義の考え方について，あなたはどのように考えますか？

## 第1章 人称別の死

**解説** 柳田さんは，たとえば末期ガンで死に向き合う患者に対し，専門家である医師が，「乾いた『3人称の視点』」ではなく，「2.5人称の視点」を持つように心がけることについて，次のように述べています。

　私がかねて提案しているのは，「2.5人称の視点」を持つようにすることだ。2人称は，肉親や恋人同士のように「あなた」と呼び合える関係のこと。専門家が被害者や病人や弱者に対し，その家族の身になって心を寄り添わせるなら，何をなすべきかについて見えてくるものがあるはずだ。しかし，完全に2人称の立場になってしまったのでは，冷静で客観的・合理的な判断をできなくなるおそれがある。そこで，2人称の立場に寄り添いつつも，専門家としての客観的な視点も失わないように努める。それが，潤いのある「2.5人称の視点」なのだ。（柳田邦男著『言葉の力，生きる力』新潮社，2002）

　このことは，専門性と専門性から離れる専門性と表現することもできます。医療職・看護職としての専門性，正しい知識と技術はとても大切なものです。でも，その専門性だけで進んでいくと，潤いがなくなることがあります。時には，専門性から離れ，一人の市民として被害者や病人に寄り添うこと，これが専門性から離れる専門性です。専門性の中に，二つの要素があるということです。
　更に，いわゆる「燃え尽き症候群」にならないために，医療・看護職の人は，職業人としての自分と，プライベートな自分自身とを行ったり来たりできる能力が重要になってきます。多くの人の生と死に直面する仕事です。私生活との切り替えが上手にできないと，続けられない仕事と言えるでしょう。

　聖路加国際病院理事長の日野原重明氏にも，数々の名言がありますが，その一つに「医者は，死なない程度に病気になれ」というものがあります。悪気は全くないとしても，病院のシステムやスタッフの対応が，患者や家族にとっていかに冷たく機械的なものになっているか，そのことに気づくのは自分自身が患者の立場になったときだという意味です。
　「2.5人称の視点」を持つ医療スタッフが増えていけば，病院は今よりももっと潤いのある場所になるはずです。

　私たちは，「3人称の死」の洪水とも言える社会で生活しています。自分とは関係のない人の死に，全て反応することはできないかもしれません。でも，ほんの少し立ち止まって，「これがもし，自分だったら」「自分の家族だったら」と考える想像力を大切にしたいと思います。

　経験絶対主義は，私たちが持つ「想像力」の否定につながります。この立場を突き詰めていけば，イジメや差別について考える人権教育も不可能だということになります。「痛い，苦しい，やめてくれ」このような他者の叫びに敏感になるために，私たちが想像力を磨くことはとても大切です。さまざまな人の話を聞く，本を読む，映画を鑑賞する，このようなことを通して，私たちの想像力は少しずつ磨かれるはずです。
　でも，私たちが持つ想像力には大きな限界があって，「やっぱり，経験した人でないと分からない」ということも真実だと思います。
　経験と想像力。この両者に対して，柔らかい心と開かれた態度を持つことを心がけたいものです。

## 2．新聞の死亡記事を読む

**Q1** 新聞の中には，死亡記事がたくさん掲載されています。自分が気になった記事を切り抜きます。事件でも事故でも災害でもかまいません。また，著名人の死亡記事でもかまいません。

**Q2** 事実の紹介として，いつ，どこで，誰が，どのようにして亡くなったのかをまとめて下さい。

＜い　つ＞

＜どこで＞

＜誰　が＞

＜どのようにして＞

**Q3** 死亡した人は，残された人（家族・親友・恋人など）にどのようなメッセージを伝えたかったでしょうか。「天国からの手紙」という形にして，書いてみて下さい。手紙を書く相手を決めて下さい。

（　　　　　　　　　　　）へ

**Q4** 残された人（家族・親友・恋人など）は，亡くなった人にどのようなことを伝えたかったでしょうか。「天国への手紙」という形にして，書いてみて下さい。

（　　　　　　　　　　　）へ

# 第1章 人称別の死

## 3. 闘病記を読む

書店に行くと，病気・健康などのコーナーで，多くの闘病記を見つけることができます。

特に，若くして病と闘った人の記録は，同じ年代の人に訴えるものがいっぱい詰まっているように思えます。

**Q1** 次の資料を読んで，感想を書いてみて下さい。

2004年9月16日。福岡県の大牟田市で中学2年生の少女が短い人生を終えました。
名前を猿渡瞳（さるわたり　ひとみ）ちゃんと言います。2年間の闘病生活でした。

ここに掲載するのは，死の数カ月前に瞳ちゃん自身が書き，推敲に推敲を重ね，2004年7月2日に開かれた「青少年健全育成弁論大会」の壇上で発表したものです。作文のタイトルは「命を見つめて」です。

「命を見つめて」

大牟田市立田隈中学校2年

猿渡　瞳

　みなさん，みなさんは本当の幸せって何だと思いますか。実は，幸せが私たちの一番身近にあることを病気になったおかげで知ることができました。それは，地位でも，名誉でも，お金でもなく，「今，生きている」ということなんです。

　私は小学6年生の時に骨肉腫という骨のガンが発見され，約1年半に及ぶ闘病生活を送りました。この時医者に，病気に負ければ命がないと言われ，右足も太ももから切断しなければならないと厳しい宣告を受けました。初めは，とてもショックでしたが，必ず勝ってみせると決意し希望だけを胸に真っ向から病気と闘ってきました。その結果，病気に打ち勝ち，右足も手術はしましたが，残すことができたのです。

　しかし，この闘病生活の間に，一緒に病気と闘ってきた15人の大切な仲間が次から次に亡くなっていきました。ちいさな赤ちゃんから，おじいちゃんおばあちゃんまで年齢も病気もさまざまです。厳しい治療とあらゆる検査の連続で心も体もボロボロになりながら，私たちは生き続けるために必死に闘ってきました。

　しかし，あまりにも現実は厳しく，みんな一瞬にして亡くなっていかれ，生き続けることがこれほど困難で，これほど偉大なものかということを思い知らされました。みんないつの日か，元気になっている自分を思い描きながら，どんなに苦しくても目標に向かって明るく元気にがんばっていました。

　それなのに生き続けることができなくて，どれほど悔しかったことでしょう。私がはっきり感じたのは，病気と闘っている人たちが，誰よりも一番輝いていたということです。そして健

康な体で学校に通ったり，家族や友達と当たり前のように毎日を過ごせるということが，どれほど幸せなことかということです。

たとえ，どんなに困難な壁にぶつかって悩んだり，苦しんだりしたとしても，命さえあれば必ず前に進んで行けるんです。生きたくても生きられなかったたくさんの仲間が，命をかけて教えてくれた大切なメッセージを，世界中の人々に伝えていくことが私の使命だと思っています。

今の世の中，人と人とが殺し合う戦争や，平気で人の命を奪う事件，そしていじめを苦にした自殺など，悲しいニュースを見る度に怒りの気持ちでいっぱいになります。一体どれだけの人が，それらのニュースに対して真剣に向き合っているのでしょうか。

私の大好きな詩人の言葉の中に，「今の社会のほとんどの問題で，悪に対して『自分には関係ない』と言う人が多くなっている。自分の身にふりかからない限り見て見ぬふりをする。それが実は，悪を応援することになる。私には関係ないというのは楽かもしれないが，一番人間をダメにさせていく。自分の人間らしさが削られどんどん消えていってしまう。それを自覚しないと，悪を平気で許す無気力な人間になってしまう」と書いてありました。

本当にその通りだと思います。どんなに小さな悪に対しても，決して許してはいけないのです。そこから悪がエスカレートしていくのです。今の現実がそれです。命を軽く考えている人たちに，病気と闘っている人たちの姿を見てもらいたいです。そして，どれだけ命が尊いかということを知ってもらいたいです。

みなさん，私たち人間はいつどうなるかなんて誰にも分からないんです。だからこそ，一日一日がとても大切なんです。病気になったおかげで，生きていく上で一番大切なことを知ることができました。今では心から病気に感謝しています。私は自分の使命を果たすため，亡くなったみんなの分まで精一杯生きていきます。みなさんも，今生きていることに感謝して悔いのない人生を送ってください。

＜感想＞

# 第1章 人称別の死

**解説** この作文の手直しは，弁論大会当日の明け方まで行われました。作文は，全国作文コンテストの優秀作に選ばれたのですが，残念ながら瞳ちゃんはそのことを知りません。

過酷な闘病生活を経験したからこそ，誰よりも強く「人と人とが殺し合う戦争や，平気で人の命を奪う事件，いじめ」が起きている社会を嘆き，怒りの気持ちを抱いたのでしょう。

この作文を中心とした，瞳ちゃんの闘病記や写真などが，『瞳スーパーデラックス』（西日本新聞社，2005）として出版されています。闘病生活での口癖は，「骨はがんにおかされても，心まではおかされないよ」だったそうです。

昨日と同じような一日が，今日も明日も，その次の日もずっと続くと考えている私たちがいます。でも，死は私たちの身近なところにあります。いつ，どこで，どのような死に方をするかは分かりませんが，人間は生まれたその日から，「死」に向かって歩み始めている存在です。

「何か面白いこと，ないかな～」「つまらないな～」と思ったり，口にしながら「なんとなく」生きている私たち，「今，生きていること」に感謝せず，不平や不満ばかり並べている私たちがいるとしたら，それは本当にもったいないことです。

私たちの魂に語りかけてくるすぐれた闘病記はたくさんあります。

他に二つ紹介したいと思います。機会があれば，是非手にとって読んでみてください。

☆　神田麻希子　『神様，私をもっと生きさせて！』（こう書房，2006）

17歳でがんにおそわれた女性の揺れ動く心情をつづった闘病記です。青春期4年間の「魂の叫び」が記録されています。一部分だけ紹介します。

### 「生きてることは当たり前じゃないんだ」

みんな「生きてる」ってことをあまりにも当たり前に思いすぎている。
それがみてて許せない。
「今生きていること」「これからも生きていくだろうこと」をあまりにも当たり前のようにうけとめすぎてるよ。
私みたいに，いつ自分の生に終りがくるのか，いつも，それを念頭に置いている人間なんていない。
みな，自分が生きていくことに，これからも生きていくことに何の疑いも持っていない。
なまいきっていうかずうずうしいというか，これからも生きていくのは当たり前ってかんじに思って，一瞬一瞬を，みてて腹たつほど軽い気持ち（私はなまりのように重い。いつもいつの瞬間も）でいる。
「今」「これから」も生きていることを当たり前のように生活しすぎている。
ムカツク。見てて腹たつ。
生が当たり前じゃない。そうじゃない人間だっているんだ。思い知れ！

☆ 祐森弘子　『ありがとう、ボクは幸せ　〜ホームホスピスの現場から〜　』

(編集工房ノア，2006)

14歳11ヶ月を生き抜いた少年、タクミ君。この本は、難病に立ち向かったタクミ君の日々の軌跡(きせき)と、いつも傍(かたわ)らにいて彼を励まし、また彼に励まされ続けた、家族とケアチームの人々の体験を綴(つづ)ったものです。彼の心からのメッセージが、読む人の心に届くと思います。

〔この欄に記入していってもらいたいこと〕

　1年に1冊、できれば自分の誕生日がある月に，誰かが書いた闘病記を見つけて，読んでいって下さい。きっと心にひびく本が多いはずです。でも，人間は大切なことを忘れやすい存在です。

　読んだ記録をこの欄につけていきましょう。

(読み終えた年月日，著者，『書名』，出版社，出版年，短い感想)

1. _____

2. _____

3. _____

4. _____

5. _____

6. _____

7. _____

8. _____

9.
10.
11.
12.
13.
14.
15.
16.
17.
18.
19.
20.

# 第2章
## 予測できない死

# 第2章　予測できない死

> 人間の命は、いつ、どこで、どのようになるか分かりません。その中でも、特に予測ができない死、突然私たちの人生に襲いかかってくる死があります。死ぬ人は、「死と向き合う時間」がほとんどありません。残された人たちは、突然の出来事に、何が起きたのか分からないという状況に投げ込まれます。この章では、予測できない死について考えていきます。

## 1　事　件　～犯罪被害者の心理～

　犯罪によって命を奪われた場合，具体的な加害者が特定できているケースでは，愛する者を理不尽（りふじん）に奪われた被害者が，強い憎しみと報復（ほうふく）感情に支配されることは容易に想像できると思います。ここでは少し違う角度から，事件被害者としてのその後の人生を歩んだ人を紹介します。

　まず，下の新聞記事（読売新聞「編集手帳」　2008年8月7日付）を読んで下さい。

> 　父親は高校生の長男に告げた。「家にあるお金はこれだけだ。足りなければ保険を解約し，まだ足りなければこの家を売りなさい」◆松本サリン事件で当初，警察は第1通報者の河野義行さん（58）を容疑者扱いし，メディアは"疑惑の人"として報じた。意識不明の妻を気遣いつつ無実の逮捕に備える日々を河野さんは手記「『疑惑』は晴れようとも」（文春文庫）につづっている◆報道には抜きがたい不信感を抱いたが，捜査（そうさ）の非を鳴らすにはマスコミに頼るしかない。心情を吐露（とろ）する相手として，河野さんは読売新聞を選ぶ。「中央の警察情報に強い"最大の敵"を味方につけ，全体の流れを変えようとした」という◆たしかに流れは変わったが，本紙を含む報道各社が警察情報を鵜呑（うの）みにすることで河野さん一家に精神的なリンチを加えた事実は動かない。「最大の敵」という言葉は今も胸にうずく◆あれから14年，ついに意識の戻らぬまま，妻の澄子（すみこ）さん（60）がサリン中毒の後遺症（こういしょう）で亡くなった（2008年8月5日）。「わが家にとっての松本サリン事件が終わった」と河野さんは語った。報道に携わる者に事件の終わりはない。

　この事件は，1994年6月27日，長野県松本市でオウム真理教によって起こされたものです。翌1995年3月20日，東京都内で地下鉄サリン事件が発生，松本サリン事件もオウム真理教による組織的犯行と長野県警が断定したのは，その年の6月12日でした。その間，第1通報者である河野さんは，冤罪（えんざい）による逮捕の不安と，マスコミからの執拗（しつよう）な取材攻勢・報道被害と闘うことになります。

　1年後，オウム真理教の犯罪であることが明らかになると，マスコミは一転，河野さんのことを「立派な人，強い人」として報じるようになりました。14年間の闘病の末，妻の澄子さんが亡くなられた直後にも，同じような報道が流れました。

**Q1** 河野さんの手記の一部を読み，どのような考え方（人生観・価値観）が河野さんを支えてきたのかをまとめてみましょう。河野さんの人生観について，あなた自身はどのような感想を持ちましたか？

　死はいつもすぐ隣にある。そう思い定めて生きていると，何が起こっても不思議ではないという気持ちになる。私が，昔からものごとをありのままに受け止めてきていたのは，こうした考え方が身についているからだと思う。

　だから，あの事件に遭遇したときも，さらには冤罪の渦中に巻き込まれたときも，私自身あまり動じなかったのは，これも自分の人生の一コマなのかと，ありのままに現実を受け止めたからにほかならない。こういうふうに一度，現実を受け止めて，ではどうするのか，いま自分としてなにをするのがベストの選択なのだろうかと考えていく。つまり，対症療法的に問題を解決してきたのである。

　だから，人前で泣き叫んだこともなかったし，愚痴をこぼしたこともなかった。淡々と，いま起こっている現実と四つに取り組んできただけである。

　麻原被告を呼び捨てにしないのも，同じように，判決が確定するまでは被告は「推定無罪」（疑わしきは被告人の利益に）という法の原理原則にしたがっているからである。

　こうした私を見て，なかには「変人」だとか，「冷たい」とか言う人がいるようだ。だが，なんと言われようと，私には原理原則にしたがって自分の行動を決める方が楽なのである。だから，そうしているだけだとも言える。

　前にも書いたが，私は，麻原被告も，オウム真理教の実行犯の人たちも，恨んでいない。恨むなどという無駄なエネルギーを使って，かぎりある自分の人生を無意味にしたくないのである。そういうことをするくらいなら，いっそ無視をして，より有意義なことに自分の時間や労力を使っていきたいと思っている。

　リストラのこともそうだが，実行犯を恨む，恨まないということも，心の持ち方一つで変わる。リストラされたことで落ち込むのか，自分の好きなことができる時間が増えると喜ぶのかでは，その後の人生の風景はだいぶ変わってくる。なにごとも心のあり方が大事なのだ。

　いつもいまある状態に満足し，感謝して，生きていくことができるのなら，私は，それはとても幸福な人生だといえると思う。

　　（河野義行著『命あるかぎり ～松本サリン事件を超えて～』第三文明社，2008）より

＜感想＞

1　事件　～犯罪被害者の心理～

# 第2章 予測できない死

## 2 事　故

　大切な人が事故によって死亡した場合，事件の場合と同様，事故を起こした責任者が特定できるケースでは，遺族は，怒り・恨み・無力感など複雑な感情を抱くことになります。その一方で，多くの死者を出した大惨事では，負傷した人たちのことがあまり取り上げられなくなる傾向があります。死んでいてもおかしくなかった人たちは，自分たちの後遺症に苦しみながらも，「なぜ，あの人たちは死んで，自分は死ななかったのか」など，答えのない問いに日々向かい合うことになります。人生が大きく変わってしまった人もいます。

**Q1** 2005年4月25日のＪＲ福知山線脱線事故。助け出された乗客の手記を読み，彼らが抱く複雑な心境について考えてみて下さい。また，彼らができることとは，例えばどのようなことなのか，考えてみて下さい。

---

　《生き残ったこと，助けてあげることが出来なかったことに対する罪悪感》同じ電車に乗り合わせ，大惨事の中から生き残った多くの乗客の心にこの感覚が芽生えました。原型を留めないほどに変形した1両目と2両目，追突した衝撃で180度回転した3両目に犠牲者が集中しましたが，同じ車両に乗り合わせていた乗客と惨事を目撃していち早く駆けつけた近隣住民や周辺企業の方によって，ガソリンの匂いが充満する中，自らの危険をかえりみない初期救助活動が行われました。しかし，あまりに車両の損傷が激しかったことや，1両目が潜り込んだ立体駐車場の瓦礫などが障害となって，目の前で助けを求めている人がいるにもかかわらず助けてあげることすら出来ない状態でした。また，即死を免れ，比較的早めに車外に救出された負傷者でも，現場に駆け付けた救急車の数が全く足りず，病院への搬送を待つ間に亡くなった方も少なくありません。助け出された乗客も，為す術もなく目の前で命の火が消えていく光景を目の当たりにしました。あの時，自らの身に何が起きたのかを把握することすら困難な状況の中で，必死で生きようとする人間の姿と，それを懸命に助けようとする救助者との壮絶な人間ドラマが事故現場のあちこちで繰り広げられていたのでしょう。

　「あの時にこうしていれば，もっと助けてあげられたのに…」「自分が助かったのは誰かがクッションになってくれたからか…」「積み重なっていた自分の下にいた人は助かったのだろうか…」この事故は，救助にあたったレスキュー隊員や救助者を始め，自らが九死に一生を得て助かった負傷者にさえ，生き残ったことに対する罪悪感と，助けてあげることが出来なかった無力感という大きな傷跡を残しました。

　　　　　　　　　　　　　　　　　　　　　　　　　　　　　　　　＜2両目乗客　小椋　聡＞
（JR福知山線脱線事故被害者有志　『JR福知山線脱線事故　2005年4月25日の記録』　神戸新聞総合出版センター，2007）より

# 3 自然災害

**Q1** 地震，台風，水害などの自然災害に対して，あなたは何か備えをしていますか？
それとも，備えをしていませんか？

**Q2** 「備え」をしていない人に質問です。備えをしていないのはなぜでしょうか？

**Q3** 「備え」をしている人に質問です。どのような備えをしているのか，具体的に教えてください。

# 第2章　予測できない死

**Q4** 毎年，多くの人の命を奪う自然災害。被害の直後にどうしても必要なものを三つだけあげるとしたら，水と靴と懐中電灯と言われています。それぞれ，理由を考えて見て下さい。

（1）水 _____

_____

（2）靴 _____

_____

（3）懐中電灯 _____

_____

_____

**Q5** 自然災害をなくすことはできませんが，被害を少なくすることはできます。

「人災」とも言える部分を少なくする，「減災」という考え方が大切になってきます。今後の自然災害に備えて，私たちは何ができるでしょうか。

個人，家族，地域社会，学校，企業，行政（市役所・政府など），電力会社，それぞれの役割，それぞれがすべきことを考えてみて下さい。

（1）個人 _____

_____

（2）家族 _____

_____

（3）地域社会 _____

_____

（4）学校 _____

_____

（5）企業 _____

_____

（6）行政

　　①国 _____

_____

　　②地方自治体 _____

_____

（7）電力会社 _____

_____

**解説**　「備えあれば憂いなし」（いざというときのために，準備をしていれば，心配はない）という言葉がありますが，現実には，「備えあれば憂いあり」になるという理由で，事故や自然災害など，不都合な事態が生じた場合のことを考えないようにするという風潮が，私たちの中にあるようです。

　たとえば，2011年3月11日に福島第一原子力発電所で起きたような事故。放射能は目にはみえません。日頃から，放射能漏れに備えて，家族の人数分のヨウ素安定剤（被曝する際に服用することで，甲状腺ガンの発症を抑えます。1986年のチェルノブイリ原発の事故からの教訓でもあります。）を配布したり，防御服を近隣の家庭に用意させたり，風向きや降雨の予測を生かした避難訓練を定期的に実施するようなことは行われていません。「絶対に安全です」と国も電力会社も主張してきました。事故の際の準備をするということは，「絶対に安全というわけではありません」と認めることになるというわけです。「絶対に安全」「絶対に大丈夫」という国や電力会社の説明をそのまま信じ，無知・無関心・無責任・人任せになっていた私たち国民の「原発に対する思考停止状態」も，この事故と無関係ではないと思います。役所広司ら豪華キャストで制作されたものの，2つの映画館でしか上映されなかった『東京原発』（2002）という映画があります。本当のことを伝えない国，本当のことを知ろうとしない国民。DVD化されていますので，機会があれば視聴してみて下さい。

　他の災害などの緊急時に，地域社会で助け合うことができるか否か。これが「地域力」だと言えるでしょう。都市部では，近所づきあいも希薄になっています。干渉されずに気楽でよいとも言えますが，ピンチのときに，お互いが助け合う力が弱くなります。これは欠点です。せめて，名前と顔が一致するように，集合住宅であっても心がけたいものです。まさに，人間関係は，「煩わしくもあり，有り難くもあり」です。

　兵庫県では，1995年1月17日の阪神・淡路大震災から学んだ教訓を後世に伝え，「減災」の思想を発信していくことを目的として，「ひょうご震災記念21世紀研究機構」が，阪神・淡路大震災記念「人と防災未来センター」を設置しています（神戸市中央区脇浜海岸通）。このようなセンターを利用して，学習を進めるのもよい方法です。

**MEMO**

# ❹ 突然死

　事件，事故，自然災害の他にも，心疾患や脳血管疾患による突然死があります。心臓や脳の血管が破裂したり詰まったりという病気で亡くなる人の数は，全体の約3分の1を占めます。発見が早く，一命を取り止めた場合でも，ハンディが残る場合が少なくありません。

**Q1** 今日の朝，家を出るときに，あなたはどのようにして家を出ましたか？　言葉，声の調子，表情は，どうでしたか？

---
---

**Q2** 「行ってきます」。この言葉が，もしかしたら最後の言葉（ラスト・ワード）になるかもしれません。そのような意識を持ったことはありますか？

---
---

**Q3** 今日，無事に家に帰り着くということも，実は「当たり前」のことではありません。「おかえり」という言葉が持つ意味について，絢香（あやか）さんの歌詞を見ながら，考えてみましょう。

---
---
---
---

## おかえり

作詞：絢香
作曲：西尾芳彦・絢香

おかえり　sweet home
帰る場所　愛をありがとう

　＜略＞

おかえり　I'm home
一言で満たされる心
おかえり　sweet home
帰る場所　愛をありがとう
sweet home

自分のことばかりを　考える大人はズルいんだと
思っていたんです
でも　必死で変えることを
叫んでいる人もいるんだと　やっと知ったんです

当たり前の幸せなんか　この世界に一つもない
「あなたのため」そう思えた
このキモチが突き動かすの

おかえり　I'm home
スピードが加速していく毎日
おかえり　sweet home
変わらない　ずっとある景色
sweet home

探して　なくした
心の傷が
立ち向かう　強さに変われたのは
「おかえり」があったから

おかえり　I'm home
一言で満たされる心
おかえり　sweet home
帰る場所　愛をありがとう

おかえり　I'm home
大丈夫　あなたがいるから
おかえり　sweet home
待っててね　もうすぐ着くから
sweet home

JASRAC出0900736-901

**Q4** 今日、自宅に帰りついたとき、あなたはどのような声・表情で「ただいま」と言いますか？
また、帰ってくる家族にどのような声・表情で「おかえり」と言いますか？

------------------------------------------------------------
------------------------------------------------------------
------------------------------------------------------------

## 最後だとわかっていたなら

あなたが眠りにつくのを見るのが
最後だとわかっていたら
わたしは　もっとちゃんとカバーをかけて
神様にその魂を守ってくださるように
祈っただろう

あなたがドアを出て行くのを見るのが
最後だとわかっていたら
わたしは　あなたを抱きしめて　キスをして
そしてまたもう一度呼び寄せて
抱きしめただろう

あなたが喜びに満ちた声をあげるのを聞くのが
最後だとわかっていたら
わたしは　その一部始終をビデオにとって
毎日繰り返し見ただろう

あなたは言わなくても
わかってくれていたかもしれないけれど
最後だとわかっていたら
一言だけでもいい…「あなたを愛してる」と
わたしは　伝えただろう

たしかにいつも明日はやってくる
でももしそれがわたしの勘違いで
今日で全てが終わるのだとしたら、
わたしは　今日
どんなにあなたを愛しているか　伝えたい

そしてわたしたちは　わすれないようにしたい

若い人にも　年老いた人にも
明日は誰にも約束されていないのだということを
愛する人を抱きしめられるのは
今日が最後になるかもしれないことを

明日が来るのを待っているなら
今日でもいいはず
もし明日が来ないとしたら
あなたは今日を後悔するだろうから

微笑みや　抱擁や　キスをするための
ほんのちょっとの時間を
どうして惜しんだのかと
忙しさを理由に
その人の最後の願いとなってしまったことを
どうして　してあげられなかったのかと

だから　今日
あなたの大切な人たちを
しっかりと抱きしめよう
そして　その人を愛していること
いつまでも
いつまでも大切な存在だということを
そっと伝えよう

「ごめんね」や「許してね」や
「ありがとう」や「気にしないで」を
伝える時を持とう
そうすれば　もし明日が来ないとしても
あなたは今日を後悔しないだろうから

(作・ノーマ　コーネット　マレック/訳・佐川　睦『最後だとわかっていたなら』サンクチュアリ出版, 2007) より

## 第3章
## 予測できる死＝避けられない死

# 第3章　予測できる死＝避けられない死

　自分の人生が近い将来に終わること，また，自分の大切な人が近い将来に死んでしまうこと，これはそんなに簡単に受け容れられることではありません。ほとんどの人が，「もっと生きたい」，あるいは「もっと生きていてほしい」と願うと思います。それでも，突然襲ってくる死ではなく，予測ができる死の場合には，残された時間を使って何らかの準備をすることもできます。この章では，予測できる死（準備ができる死）について考えていきます。これは，「避けられない死」と表現することもできます。

## 1　ガ　ン

　今や，日本人の3分の1以上の人がガンで死にます。死亡原因としては第1位で，その数は今後も増え続けると見られています。罹患率は約50％。結婚していたら，夫婦どちらかはガンになることになります。早期に発見ができて，手術がしやすい場所であれば助かることもありますが，転移や再発を繰り返して，死に至ることが多い病気です。一般的な病気であることに加え，患者本人も家族も，「死と向き合う」時間を持つことになるのが特徴と言えます。
　いくつかの項目に分けて，ガンという病いについて考えていきます。

### 1．告知とインフォームド・コンセント

**Q1** あなた自身は，自分の病名や病状についての告知を望みますか，それとも望みませんか？　その理由はなぜでしょうか？

---
---
---

**Q2** あなたの家族が病気になりました。その家族に対する告知を望みますか，それとも望みませんか？　その理由はなぜでしょうか？

---
---
---
---

**Q3** 検査入院をした後の結果が，本人に直接知らされる場合（A）と，家族（例えば妻）に知らされる場合（B）があります。二つの例のマンガのセリフと登場人物の表情（眉毛，目，口）を，今後の展開を予想しながら記入してみましょう。

## (A) 本人告知

先生，私は大丈夫ですから，本当のことを話して下さい。検査の結果はどうだったんでしょうか？

大変申し上げにくいのですが，よくない結果です。悪性の腫瘍です。詳しいことは手術をして中を見てみなければ分かりませんが……

手術しか選択肢はないのですか？

はい，手術が必要です。手術をした後も，抗ガン剤の治療などが必要になる場合があります。

先生，私は助かるんですか？

今の段階で，断定的なことは申し上げられません。私達も全力を尽くします。

⋮

1 ガン

# 第3章　予測できる死＝避けられない死

夫: かなり進行したガンらしい。半年以上は入院が続くと言われた。なぜオレが……

妻: 

夫: 

妻: 

夫:

## (B) 本人に告知しない

医師：奥さん、検査の結果のことなのですが、残念ながら御主人は悪性の腫瘍です。

妻：うそでしょ、先生。何かの間違いではありませんか。あの人はタバコも吸わないし、健康には人一倍気をつけていたんです。

医師：詳しいことは、手術をして中を見てみないと分かりませんが、かなり厳しい状況だと思います。まず、奥さんがしっかりしないと、御主人を支えられませんよ。

妻：どうしても手術しかないわけですか

医師：はい

妻：……

妻：先生、あの人はああ見えて、とても気が弱いところがあるんです。まともに向き合えないと思います。お願いします。本当のことはあの人に言わないで下さい。

## 第3章　予測できる死＝避けられない死

夫：「先生、検査の結果はどうでしたか」

夫：

妻：

**Q4** 「告知」が、日本の社会において「古くて新しい問題」と言われるのは何故でしょうか。真実を告げることが難しい理由を考えてみて下さい。

------
------
------

**解説** 　雑誌や書籍だけでなく，インターネットなどを使って，さまざまなガンに関する情報を調べられる時代になりました。基本的に，「本人に隠す」ということがとても難しい時代になっていると言えます。また，外科手術，化学療法（抗癌剤治療），放射線治療と厳しい治療に向かうのは患者さん本人です。敵を知らずに病気と闘うことは困難ですから，「100％本人告知」を病院の方針にしているところも増えています。しかし，欧米諸国と違って，日本では本人より先に家族（配偶者，子ども，親）に真実を告げるケースが少なくありません。そのため，家族の強い反対にあえば，医師が本人告知をすることは無理ということになります。「告知」が，「古くて新しい問題」と言われる理由がここにあります。

　医師が，十分な説明を行い，患者がその説明に同意して治療方法を選ぶことをinformed consent（インフォームド・コンセント）と言います。日本では，1990年代に入ってから重視されるようになってきました。「説明と同意」と訳されていますが，医師の説明への同意を前提としているニュアンスがあるので，「同意」ではなく，「選択」「自己決定」と訳した方がよいという指摘もあります。複数の治療方法を提示して，それぞれの利害得失，将来予測，日常生活への影響などを説明することが大切な原則です。その際，専門知識を持つ医師が，自分が行いたい治療方法に患者を誘導することは簡単です。論文を書く都合や，新薬のデータを集める必要性が医師に影響を与えている場合もあります。欧米では直接治療には当たらない第三者の医師が説明をすることも大切な原則となっています。

　日本におけるインフォームド・コンセントは歴史も浅いため，さまざまな問題があります。まず，医師の責任逃れになっているのではないかという指摘があります。「全部話しましたよ。後は，御本人と御家族の方で決めてください」という「突き放し」がよく見られます。「大変お辛いと思います。私も同じ立場だとしたら，どうしていいか分からなくなると思います。私たちも全力を尽くしますから，一緒に闘っていきましょう」という，痛みや苦しみを「共有する心」が医師に求められます。
　また，患者・家族の側に，自己決定・自己責任の思想が定着していないという点も問題です。日本の文化は，「あいまい文化」とも言われます。不都合なことには，向き合うのを避けて，決断をできるだけ先延ばしにしようとする傾向があります。小さなことから大きなことまで，日本の社会で自己決定・自己責任の思想が定着していくだろうかと考えると，どうしても疑わしくなってしまいます。

　医師と患者の間には，専門知識や技術で大きな格差があります。これがpaternalism（パターナリズム）の原因となっています。パターナリズムとは，医師の側から言えば，「自分の言うことに従っていれば間違いはない」という父親的温情主義，家父長的態度，干渉主義のことを言います。患者の側から言えば，「先生，全て先生にお任せしますから，助けて下さい」という，「お任せ主義」のことを言います。インフォームド・コンセントを正しく定着させていくためには，このパターナリズムを克服していくことが必要です。

最後に,「告知」に関する賛成意見と反対意見を整理してみましょう。
＜賛成意見＞①身辺整理や,死への心の準備ができる。
　　　　　　②親しい人との別れができる。
　　　　　　③患者本人の「知る権利」が保障される。
　　　　　　④本人の了解の上で,適切な治療ができる。
　　　　　　⑤真実のコミュニケーションが可能となる。
　　　　　　　⇒　「気持ちを伝える」ということに対して,日頃からの家族の努力が前提。日頃からの備えがなく,病気になってから急に「真実のコミュニケーション」と言われても,それは無理。

＜反対意見＞①本人が,生きる気力や希望を失ってしまう。
　　　　　　②苦労の先取りをすることはない。自然に本人にも分かるようになる。
　　　　　　③落ち込んだ本人を見ている家族が辛い。
　　　　　　④家族にも「告知後」の心構えがなく,病院側にも告知後を支えるスタッフがいないことが多い。すなわち,「言いっ放し」になり,告知後の援助態勢が整っていない。患者本人も,とても辛い状況におかれることになる。

**MEMO**

## 2. 子どもにどう伝えるか

　子ども自身が小児ガンと闘うケースもあります。子ども本人はもちろん，親にとっても医療者にとっても本当に厳しい現実と向き合うことになります。エリザベス・キューブラー・ロスが著した『ダギーへの手紙』(佼成出版社，1998)などは，子どもに真実を伝える際に助けとなる絵本ではないかと思われます。

　ここでは，親がガンと闘うことになった場合，そのことをどのように子どもに伝えるかということについて考えます。

　ここでは，『月のかがやく夜に　〜がんと向き合うあなたのために〜』(先端医学社，2001)という絵本を用いたいと思います。作者はリサ・サックス・ヤッファ，監修は向山雄人，訳者は遠藤恵美子です。

**Q1** 子どもの年齢を中学1年生と小学校5年生とします。ガンと闘う母親が，検査の結果を子どもに伝えようとします。真実を告げる場合(A)，告げない場合(B)，それぞれどのような会話になると思いますか？　マンガの登場人物のセリフ，表情を書き入れてみて下さい。(次のページ)

**Q2** 子どもの年齢や理解力によって異なると思いますが，「子どもに真実を知らせる」ということに，賛成ですか，それとも反対ですか。また，何歳くらいならば賛成できますか。その理由なども書いてみて下さい。

----------------------------------------
----------------------------------------
----------------------------------------
----------------------------------------

**Q3** 絵本の【翻訳企画にあたって】(本書P.66に掲載)を読み，「子どもだから」という理由できちんと説明されなかったり，真実を隠されたりした子どもが抱えてしまう問題点を整理してみて下さい。

----------------------------------------
----------------------------------------
----------------------------------------
----------------------------------------

**Q4** 絵本を読めた人に。このような絵本があれば，「子どもに真実を伝える」ときに助けになると思いますか？　率直な感想を聞かせて下さい。印象に残ったことも書いて下さい。

----------------------------------------
----------------------------------------
----------------------------------------
----------------------------------------

## 第3章　予測できる死＝避けられない死

**(A) 子供に真実を告げる**

母親：あなたたち2人にとても大切な話があるの

母親：昨日、お母さんが病院に行って検査の結果を聞いてきたことは知っているでしょ

母親：お母さんの病気は、

## (B) 真実を告げない

母親: あなたたち2人に話があるの

昨日、お母さんは病院に行ってたでしょ。心配したと思うけれど、検査の結果は、

# 第3章　予測できる死＝避けられない死

## 【翻訳企画にあたって】

　現在日本では，患者さんご自身へのインフォームド・コンセントは浸透(しんとう)しつつありますが，サポートするご家族，とくにお子さんへの配慮についてはまだ未熟なところがあります。「子どもだから」という理由できちんと説明されずに，隠されていたり，真実と異なることを伝えられて，不安にかられたり，疎外感(そがいかん)を感じて陰で傷ついていることも少なくはないのです。そして意外にも，そのことはまだ，日本ではあまり重要視されておりません。

　真実を隠されたまま，大人になった子どもたちは後々まで心の奥底に「どうして本当のことを言ってくれなかったんだろう」というしこりが残ります。また，治るものと信じていたにもかかわらず，不幸にも親御さんがお亡くなりになった場合には，突然の死への驚きと悲しみだけでなく，「あんなこともしてあげたかったのに」とか「おかあさんは私を大事に思ってくれていたかしら」という気持ちで苦しむこともあるはずです。子どもたちは大人と同じように，あるいはそれ以上に深く傷つき，それを上手に認識できずに，心に傷をおったまま大きくなっていくかもしれません。

　そのようななか，心ある医療者たちは，どうしたらよいかわからず悩んでいる患者さんや小さく傷ついているお子さんたちの姿を見ても，その傍(かたわ)らで見守ることしかできず，胸を痛めているということを，耳にしてきました。

　アメリカがん看護協会から，1998年に出版された「Once Upon a Hopeful Night」はそんな方々のために作られた絵本で，がんに罹(かか)ったおかあさんが告知を受け，治療を受けていく様子を，子どもたちに正直に伝え，家族で一緒に受け入れていく様子を描いたものです。アメリカ政府は54,000部買い上げ，全米各地の小学校カウンセラーに配布し，大変話題になったものだそうです。

　日本では，同様の本はなく，おそらくこの本が患者さんとそのお子さん，そして医療者のあいだをつなぐ手段の一つになるのではないかと考え，私どもは翻訳出版を企画いたしました。

　がんという病気を受け入れ，治療を受けていく過程は周知のごとく大変つらいものです。患者さんご自身ががんであることを受け入れるためにも，家族や親しい方が正しく病気のことを理解していることは，じつは大変重要なことです。前向きに「がんと向き合う」ために，「家族と向き合う」こと。そんなメッセージがこめられた本書は，日本ではこれまでになかった画期的な一書といえます。

　医学出版社からの翻訳版ということで，オリジナルにはない，ドクター（向山医師）によるがんについての用語解説や，治療をスムーズに受けるためのポイントをまとめて掲載しており，実際にどなたでも役立てていただけるように，創られています。

　こばたえこさんによる温かいイラストは見ているだけでも幸せな気持ちになり，遠藤先生の翻訳による優しいおかあさんの口調は，胸に自然に響いてきます。必ずしも，おかあさんのためだけではなく，がんに罹った方であれば，手元においておきたくなる素敵な絵本です。

　自分ががんと向かい合うために，また，家族や友人ががんになったときに，コミュニケーションツールのひとつとして役立てていただきたい，ということが本書企画の目的です。

**解説** クラスの中に，現在親が闘病中という生徒がいる場合には，このワークは慎重に行う必要があります。あらかじめ，様子を聞いたり，厳しそうであれば図書館で過ごしてもよいようにするなどの配慮が必要かもしれません。

家族みんなが元気なうちに考えておく，このことが望ましいと思います。

私の2人の娘にもこの絵本を読ませ，「このような絵本があれば，もう少し早い時期にお母さんの病気について正しく知らせることができたと思うが，どうだろうか？」と尋ねてみました。「早く知らされたとしても，十分受け止めることができなかったかもしれない。時期も方法も，お父さんの方法でよかったのではないか。」という長女の答えでした。

母親と死別したときの年齢が12歳と7歳。考慮(こうりょ)されるべき大きな要素として年齢があることを改めて確認させられました。これに加えて，子どもの性格，家族や近所・友人を含めた周囲のサポート態勢も考慮されねばならないと思います。

この絵本については，「子どもに真実を伝える際の助けになると思う」と，肯定(こうてい)的な感想を寄せてくれた生徒の方が多数派でした。一方で，「辛(つら)すぎる」「読んでいるだけで涙が出てきました」「やはり幼い子どもには知らせない方がよいのではないか」「子どもの年齢が難しい」という感想もありました。

何歳くらいならば，「子どもに真実を知らせる」ことに賛成できますか，と尋ねたQ.2では，予想していたとおり，「中学生くらいなら」という回答が最も多く見られました。

**MEMO**

## 3. 医師と患者・家族とのコミュニケーション

　白衣のお医者さんを前にするだけで脈拍（みゃくはく）が上がってしまう人もいます。回診に来た主治医が、カルテを見ながら首をかしげただけで、「自分は悪い状態なのだろうか」と不安になってしまう患者もたくさんいます。専門知識と医療技術という点において、医師と患者・家族との間には大きな格差があります。
　けれども、医師も患者も家族も、同じ人間です。やがては死すべき存在です。ゆるされて生かされて、今の限られた人生を生きています。同じ人間としての連帯感をベースにして、必要なことを的確に伝えられる、あるいは聞き取れる良好なコミュニケーションを築いていきたいものです。

**Q1** ガンとの闘病は長期戦を覚悟しなければならないケースが少なくありません。あなたが患者になった場合、医師とのコミュニケーションをよりよいものにするために、どのようなことを心がけますか？　具体的な工夫などを、五つ書いてみて下さい。

① _____

② _____

③ _____

④ _____

⑤ _____

**Q2** あなたが主治医であったとします。患者やその家族と接する際に、「これは大切にしたい」と思うのは、どのようなことですか？

_____
_____
_____
_____

**Q3** 反対に、主治医の立場で「これはしてはいけない」と思うのは、どのようなことですか？

_____
_____
_____
_____
_____

## 解説

Q.1 医師との上手なコミュニケーションを取るために，患者の側にも工夫すべき点があります。以下の10項目は，知っておいて損はないと思います。

　①医師に確認したいこと，自分が伝えたい思いを紙に書いて持っていく。
　　（検査であれば，時間や費用。治療であれば，痛みや副作用など。）
　②患者と医師，双方からのコミュニケーションが大切。家族の問題や仕事の不安，経済的な問題等，自分の気になっていることを医師に伝える。
　③ひとりよりも2人で面談する。（できればいつも同じ人が望ましい。聞き間違いなどを減らす助けになる。）
　④医師の説明を記録しておく。
　⑤つい「体調はいいです」と言わない。正確な状態を伝える。
　⑥不明なことは，理解できるまで確認する。
　⑦ポイントをおさえる。（あらかじめ書いておいたリストが役立つ。）
　⑧耳を傾けて必要な情報を聞く。（ガンのすべてについて知る必要はない。）
　⑨予約を取っておく。（医師の予約を取りづらいときには，看護師に依頼する。）
　⑩退院後に，どの医師に相談すればよいかを聞いておく。

Q.2 患者・家族は，医師からの共感的な言葉に飢えています。反対に言うと，共感的な言葉をかけて頂けることが本当に少ないということです。私の個人的な経験ですが，亡くなった妻が抗癌剤治療を続けていたときのことです。治療をしているのに，腫瘍マーカーがどんどん上がっていくという経験をしました。それは初めての経験でした。それまでは，抗癌剤治療をすれば必ず腫瘍マーカーが下がっていたのですが，今回はずっと上がり続ける。1999年の5月でしたが，妻の診察に私もついていきました。帰り際に，主治医の先生に夜眠れないのだという話をしました。そのときに言われた言葉を私は一生忘れないと思います。それは，「分かります。私も嫁さんが同じ立場だったら夜眠れないと思います」という言葉でした。この言葉を聞いただけでも，その日は一緒に行って本当によかったなと思いました。相変わらずその日の夜も眠れませんでしたが，この言葉は，何回も何回も私の心の中に響いていました。もしかしたら，本当は言葉だけかもしれません。とてもお忙しい方です。たくさんの患者さんを診ておられます。でも，共感的な言葉をかけて頂いたということは，とても貴重な体験でした。

　ホスピスで経験した医師の姿勢にも驚きました。回診の際，必ず椅子を持ってきて妻のベッドサイドに座ることです。これは，「あなたのところでしばらく時間を持ちますよ」という無言のサインとなります。大学病院では，忙しそうな医師がいつも立ったまま，ベッドの上から見下ろす形で妻と話していました。医師と患者の立場が，上下関係であることの象徴のようにも見えました。「やがては死すべき人間。ささやかな命をプレゼントされている同じ人間」。この視点に立つ

ならば，できるだけ患者と同じ高さの目線で語りかけることは，とても大切なことだと思います。

Q.3　大きな病院で大勢の患者を担当する医師は本当に多忙です。けれども，患者の方にしてみれば，主治医はただひとりです。その医師が頼りです。担当している患者は自分ひとりではないと，頭では理解していても「無視された」「十分に話を聞いてもらえなかった」という思いを持つことは多いようです。

　「悪い聞き方」というのがあります。患者の話を聞いているようだけれども，実は次の予定や緊急の患者のことが気になっていて「聞いていない」というケースです。「聞いていない」ことは，話し手である患者の側には悟られてしまいます。勇気を出して主治医に訴えたのに，聞いてもらえず，その後心を閉ざしてしまう患者もいます。これでは，医師と患者のコミュニケーションは悪くなる一方です。

　一つの提案は，時間を区切ることです。「今，10分しか時間が取れませんが，それでもよろしいですか？」と断って，その10分間はその患者に集中して話をしっかりと聞く。忙しい医師ほど，是非心がけてほしいと思います。あるいは，相談内容が緊急性の弱いものであれば，「明日の夕方ならば時間を取れます。そのときにお話しを伺ってもよろしいですか？」と別の日程を提案するのもよい方法だと思います。

**MEMO**

## 4．看護師と患者・家族とのコミュニケーション

　患者や家族と頻繁に接点を持つという点では、医師よりも看護師の方が重要な役割を担っているとも言えます。この部分でのコミュニケーションの良し悪しが、患者のQOL（生命の質）、病院に対する評価に大きく関わってくると思われます。

　医療の現場で交わされるコミュニケーションについて考えてみましょう。いくつかのタイプを示してありますので、実際には、どのような言葉かけや対応がなされるかを考え、書き込んでみて下さい。
　 印象 のところは，Q.3で記入します。

### Q1 看護師から患者へ

〔その1〕患者：「昨晩から、背中が痛くて眠れないんです。」
　　　　　　　　↓

看護師：1．突き放し　「　　　　　　　　　　　　　　　　　　　　　　　　　　　」
　　　　　　　　　　　 印象 （　　　　　　　　　　　　　　　　　　　　　　　　　）

　　　　2．励まし　　「　　　　　　　　　　　　　　　　　　　　　　　　　　　」
　　　　　　　　　　　 印象 （　　　　　　　　　　　　　　　　　　　　　　　　　）

　　　　3．同化　　　「　　　　　　　　　　　　　　　　　　　　　　　　　　　」
　　　　　　　　　　　 印象 （　　　　　　　　　　　　　　　　　　　　　　　　　）

　　　　4．傾聴　　　「　　　　　　　　　　　　　　　　　　　　　　　　　　　」
　　　　　　　　　　　 印象 （　　　　　　　　　　　　　　　　　　　　　　　　　）

〔その2〕患者：「看護師さん、私、もうダメなんじゃないかと思うんです。」

看護師：1．突き放し　「　　　　　　　　　　　　　　　　　　　　　　　　　　　」
　　　　　　　　　　　 印象 （　　　　　　　　　　　　　　　　　　　　　　　　　）

　　　　2．励まし　　「　　　　　　　　　　　　　　　　　　　　　　　　　　　」
　　　　　　　　　　　 印象 （　　　　　　　　　　　　　　　　　　　　　　　　　）

　　　　3．同化　　　「　　　　　　　　　　　　　　　　　　　　　　　　　　　」
　　　　　　　　　　　 印象 （　　　　　　　　　　　　　　　　　　　　　　　　　）

# 第3章 予測できる死＝避けられない死

　　　　4．傾聴　　　「　　　　　　　　　　　　　　　　　　　　　　　　」
　　　　　　　　　　印象 （　　　　　　　　　　　　　　　　　　　　　　　）

## Q2 患者から看護師へ

看護師：「どこか具合の悪いところはありませんか？」

患　者：1．あいまい（症状を的確に伝えられない）
　　　　　　　　　　「　　　　　　　　　　　　　　　　　　　　　　　　　」
　　　　　　　　　　印象 （　　　　　　　　　　　　　　　　　　　　　　　）

　　　　2．遠慮　　「　　　　　　　　　　　　　　　　　　　　　　　　　」
　　　　　　　　　　印象 （　　　　　　　　　　　　　　　　　　　　　　　）

　　　　3．世間話　「　　　　　　　　　　　　　　　　　　　　　　　　　」
　　　　　　　　　　印象 （　　　　　　　　　　　　　　　　　　　　　　　）

　　　　4．的確　　「　　　　　　　　　　　　　　　　　　　　　　　　　」
　　　　　　　　　　印象 （　　　　　　　　　　　　　　　　　　　　　　　）

　　　　5．傷つける言葉　「　　　　　　　　　　　　　　　　　　　　　　」
　　　　　　　　　　印象 （　　　　　　　　　　　　　　　　　　　　　　　）

　　　　6．感謝の言葉　「　　　　　　　　　　　　　　　　　　　　　　　」
　　　　　　　　　　印象 （　　　　　　　　　　　　　　　　　　　　　　　）

## Q3 それぞれの書き込みが終われば、二人一組になって、患者と看護師、それぞれの役割をタイプ別に演じてみて下さい。
　　言われた側として、どのような印象を持ったか、Q.1とQ.2の 印象 のところに短く書き留めていってください。
　　（上の、Q.1とQ.2のそれぞれのタイプの下に書き込んでください。）

**解説** 　実際の医療の現場では，もっとさまざまな会話が交わされます。ここでは，典型的な例として三つの会話を取り上げてみました。その後の会話がつながりやすいか，それともつながりにくいかを考えてみて下さい。

Q.1
〔その1〕
1. 突き放し 　例としては，「我慢できる範囲だと思いますよ」。誰が困っているのかということに，思いが向かっていません。
2. 励まし 　例「もっと頑張って下さい。少々の痛みなら，耐えている方も沢山いますよ」。安易な励ましにより，患者の心は閉ざされてしまいます。
3. 同化 　例「大丈夫ですか，本当に大丈夫ですか？」（泣いてしまう）。看護師が見せてくれる涙は，患者や家族にとって慰めになることもありますが，冷静な判断力を失わないことが求められます。ひとりの患者だけに関わっているわけではないので，一つの部屋で「よかったですね」と語ったすぐ後に，別の部屋では「辛いですね」と声をかけるのが看護師の日常です。次の患者への「仕切り直し」のためにも，同化に対してはコントロールが必要です。
4. 傾聴 　例「今までに経験されたような痛みですか？持続的な痛みですか，それとも断続的な痛みですか？」共感的姿勢，受容的姿勢を伝えるために，オウム返し（相手が語った言葉を，もう一度繰り返すこと）も有効な方法です。患者の声をしっかりと受け止めながら，より具体的な情報を得るように工夫します。

〔その2〕
1. 突き放し 　例「なに馬鹿なことを言っているんですか」。他人事でしかないことが，すぐに伝わってしまう対応です。
2. 励まし 　例「そんな弱気なことを言っていないで，もっと頑張って下さい」。
3. 同化 　例「……」　何も言えず，泣いてしまう。
4. 傾聴 　例「どうしてそのように感じられるのですか？」
「もうダメじゃないか，そのように思われるのですか？」

Q.2 　患者から看護師へのコミュニケーションの取り方も，さまざまなタイプがあります。
1. あいまい 　例「はぁ，……」自分の身体のことなのにきちんと伝えられない患者も多いようです。
2. 遠慮 　例「大丈夫です，大丈夫です」。本当は大丈夫ではないのに不都合なことを我慢してしまう患者も，特に年輩の方に多いようです。
3. 世間話 　例「今年の阪神は強いよ……」。本当に看護師に伝えたいこと，伝えなければならないことは他にもありそうです。
4. 的確 　例「昨晩から，腰の右側が鈍く痛みます。今までに経験したことがない，しぶとい感じの痛みです」。ここまで冷静に，客観的に自分の身体症状を伝えられ

る患者は少ないと思いますが，医療者側が最も知りたいことを伝えようとしています。
5．傷つける言葉　　例「点滴(てんてき)の針もろくに入れられないんだから……」
6．感謝の言葉　　例「いつも，いろいろと有り難うございます。今のところ，特に問題はありません」。いつでも，どこでも感謝の言葉は，人間関係を良好にする潤滑油(じゅんかつゆ)です。

　看護師の仕事をしていると，いわゆる「困った患者さん」に出会うことも少なくないと思います。病院というところは，病気やけがで，ストレスを感じている人が入院しています。そう考えることができれば，「一番困っているのは患者さん」というように，思考を転換することができます。「何が困っているのか？　誰が困っているのか？」このような問いを自らに発することができる看護師は素晴らしいと思います。
　患者さんとの出会いを通して，「自己中心ではいけないのだ」という気づきが生まれる，そのような「やわらかさ」が看護師には求められています。

　患者・家族は，大きなストレスのかかった状態で看護師と接することが多くなります。自分たちのことで精一杯になっていることも多いはずです。でも，看護師も同じ人間です。感謝の言葉は大切にしたいものです。それと，自分の症状を的確な言葉で伝えられるようにすること，これも心に留めておきたいことです。病気になってから急に変えるということは難しいかもしれません。
　自分の症状を分かりやすく他人に伝える訓練。これも大きな病気になる前から意識しておきましょう。

**MEMO**

## 2 老衰と介護

　日本では約3分の1の人が，いわゆる老衰で亡くなります。世界一の長寿国となっていますが，一方で長期化する介護の問題が，家族関係や介護の現場で働く人々，そして厚生経済・医療経済など，さまざまな方面に大きな影響を与えています。

**Q1** 赤ちゃんを育てること（育児）と老人介護は，どのような点が異なるでしょうか。
　　三つ以上，違いを挙げてみてください。

（1）＿＿＿＿＿＿＿＿＿＿＿＿＿＿＿＿＿＿＿＿＿＿＿＿＿＿＿＿＿＿＿＿＿＿＿＿＿＿＿＿＿＿＿＿＿＿

（2）＿＿＿＿＿＿＿＿＿＿＿＿＿＿＿＿＿＿＿＿＿＿＿＿＿＿＿＿＿＿＿＿＿＿＿＿＿＿＿＿＿＿＿＿＿＿

（3）＿＿＿＿＿＿＿＿＿＿＿＿＿＿＿＿＿＿＿＿＿＿＿＿＿＿＿＿＿＿＿＿＿＿＿＿＿＿＿＿＿＿＿＿＿＿

**Q2** 政府が掲げる「在宅三本柱」は，ホームヘルパーの増員，特別養護老人ホーム等でのデイサービス（日帰りの通所サービス），ショートステイ（短期宿泊サービス）です。基本的な発想の段階から，現状に合っていないという批判もあります。
　どのような点で現状に合っていないのでしょうか。

＿＿＿＿＿＿＿＿＿＿＿＿＿＿＿＿＿＿＿＿＿＿＿＿＿＿＿＿＿＿＿＿＿＿＿＿＿＿＿＿＿＿＿＿＿＿＿＿

＿＿＿＿＿＿＿＿＿＿＿＿＿＿＿＿＿＿＿＿＿＿＿＿＿＿＿＿＿＿＿＿＿＿＿＿＿＿＿＿＿＿＿＿＿＿＿＿

＿＿＿＿＿＿＿＿＿＿＿＿＿＿＿＿＿＿＿＿＿＿＿＿＿＿＿＿＿＿＿＿＿＿＿＿＿＿＿＿＿＿＿＿＿＿＿＿

**Q3** 介護の現場で働こうという高い志を持って勤め始めたのに，数年で離職する若者が少なくありません。根本的な原因は，どのようなところにあるでしょうか？

＿＿＿＿＿＿＿＿＿＿＿＿＿＿＿＿＿＿＿＿＿＿＿＿＿＿＿＿＿＿＿＿＿＿＿＿＿＿＿＿＿＿＿＿＿＿＿＿

＿＿＿＿＿＿＿＿＿＿＿＿＿＿＿＿＿＿＿＿＿＿＿＿＿＿＿＿＿＿＿＿＿＿＿＿＿＿＿＿＿＿＿＿＿＿＿＿

＿＿＿＿＿＿＿＿＿＿＿＿＿＿＿＿＿＿＿＿＿＿＿＿＿＿＿＿＿＿＿＿＿＿＿＿＿＿＿＿＿＿＿＿＿＿＿＿

**Q4** 欧米では，一定の年齢に達すると遺書を用意する人が多いそうです。
　「遺書」を残すことには，どのようなプラス面があるでしょうか？

＿＿＿＿＿＿＿＿＿＿＿＿＿＿＿＿＿＿＿＿＿＿＿＿＿＿＿＿＿＿＿＿＿＿＿＿＿＿＿＿＿＿＿＿＿＿＿＿

＿＿＿＿＿＿＿＿＿＿＿＿＿＿＿＿＿＿＿＿＿＿＿＿＿＿＿＿＿＿＿＿＿＿＿＿＿＿＿＿＿＿＿＿＿＿＿＿

＿＿＿＿＿＿＿＿＿＿＿＿＿＿＿＿＿＿＿＿＿＿＿＿＿＿＿＿＿＿＿＿＿＿＿＿＿＿＿＿＿＿＿＿＿＿＿＿

## 第3章　予測できる死＝避けられない死

**解説**

Q.1　子育てと老人介護の違いとしては，以下のようなものが考えられます。

（1）赤ちゃんの場合，だんだんと手がかからなくなりますが，老人介護の場合には，だんだんと手がかかるようになります。

（2）赤ちゃんは軽いので，何とか片手でも支えられますし，入浴させることも比較的楽にできますが，お年寄りの場合には「重さ」が介護者の大きな負担となります。

（3）赤ちゃんは言葉をどんどん獲得していきますし，その言葉によって親が傷つけられることはあまりありません。お年寄りの場合には，次第に言葉を失っていきます。時には，その言葉によって介護者が傷つく場合もあります。

（4）子育ての場合，「順調に行けば」という前提がつきますが，始まりも終わりも予測できます。老人介護は，始まりも終わりも予測がつきません。また，終わることを望むこともできません。

（5）子育ては未来の希望へとつながっています。親の介護は過去の記憶につながっています。親が元気だった頃，自分にしてくれたことなどを思い出し，そのことが介護している子どもにとっては切なく辛い経験となることがあります。

Q.2　日本では，単身世帯が増え続けています。結婚しない人はもちろん，夫婦であってもどちらかが亡くなれば，残された方はひとりで暮らすことが多くなっています。

デイサービスも，ショートステイも，一緒に暮らしていて介護をしてくれる家族がいることが前提で，介護している家族を休ませるための制度です。一人暮らしのお年寄りに対応するのは，ホームヘルパーのみとなっており，無理があります。

一人暮らしの不安を考えてみます。やはり，安全面と病気などで動けなくなったときが心配です。血縁はなくても，数名が助け合いながら一緒に暮らすグループホームやルームシェアリングは，今後もっと普及が望まれるシステムです。遺産分与などの経済的な問題が最も大きなトラブルとなるため，ソーシャルワーカーなどによる助言や指導と共に，法律面の整備も必要不可欠です。

Q.3　やはり，収入面の問題が大きいと言えます。原資が公的介護保険の介護報酬ですので，収入の源が限られています。何年勤務しても，給料が上がらない（上げられない）という厳しい現実があります。誇りを持って働ける職場，若くて優秀な人材が多く集まる職種にするためには，待遇面の改善が不可欠です。保険料の増額とともに，公的資金（税金）の投入が必要です。国家予算の中で削減できる部分を見直せば可能な工夫だと思われます。＜NHK取材班『「愛」なき国』，2008＞

Q.4　遺品の整理や処分，そして財産分与等で残された人たちにトラブルが生じるのを防ぐことができます。仲のよかった兄弟姉妹が，遺産分配をめぐって争い，訴訟にまで発展するケースも決して珍しいことではありません。あとに残される人たちへの思いやりとして，旅立つ本人が，自分の意思を伝えることができます。

# ③ エイズ

　HIV感染症（エイズ）の潜伏（せんぷく）期間は数年から10年以上と長いものです。新薬の開発等が続き，感染したからすぐに死と直面するというわけではありません。「エイズと共に生きる」ということがテーマとして語られる時代になってきています。

　ただし，肺炎等を発症すると助かりません。その意味では死と向き合う病気の一つと言えます。

**Q1** 性感染症の中でも，HIV感染症（エイズ）は日本では一人ひとりにとって身近な問題だとはなかなか考えられませんでした。それはなぜでしょうか？

------

**Q2** 「良いエイズ」「悪いエイズ」という区別をする人がいます。これは，何をもって区別しているのでしょうか？　また，この区別の仕方にはどのような問題があるでしょうか。

------

**Q3** 「子どもが子どもを産む」ということに対して，あなたはどのように考えますか？
中学生や高校生が妊娠した場合，あなたならどう考えますか？

------

**Q4** 人間だけがセックスと生殖を切り離してしまったと言えます。「セックスは生殖と手を切ったつもりかもしれない。しかし，生殖の方はセックスと手を切ってはいない」。この言葉はどういう意味でしょうか。

------

# 第3章　予測できる死＝避けられない死

**解説**

Q.1　HIVの感染力は弱いものです。日本では，厚生省（当時）が，アメリカの血液製剤によって多数の血友病患者がHIVに感染していることを隠すために，なかなか公表しませんでした。1985年3月に「日本人AIDS患者第1号は男性同性愛者」と発表されたことにより，HIV感染症は，同性愛者や薬物中毒者など，「特別な人」がかかる病気というイメージが広がることになりました。

Q.2　血液製剤によってHIVに感染してしまった患者を「良いエイズ」，不特定多数との性行為によって感染した患者を「悪いエイズ」と区別する人がいます。前者は医療者を信用して治療を受けただけで，自己責任とは言えないのに対し，後者は自己責任，自業自得だというわけです。
　　　人間には，「動物と同じだ」と言える側面があります。それは，食べて，寝て，セックスをする（子孫を残す）ということです。これらは本能的な欲求です。無視をしたり，欲求をなくしたりすることはできません。性感染症にかかった人を，「いやらしい」「性的にみだら」だとして，道徳的な観点から裁いたり，差別をしたり，避けたりすることが少なくありません。けれども，「性的なふれあい」が主な感染原因ですから，「誰もが感染する可能性がある」と考えるのが本来のとらえ方ではないでしょうか。
　　　弱い立場におかれた人たちが，ますます社会のすみっこに押しやられることがないように，「私にも起きうることだ」と考えることが大切です。弱い立場の人にとって生きやすい社会は，全ての人にとって生きやすい社会です。

Q.3及びQ.4　人間には，「他の動物と違って人間だけが……」と言える側面もあります。生まれた後，文化的・歴史的に実に多くのものを吸収・継承しながら，私たち人間は「いのちのバトンタッチ」をしていきます。社会の構成員となる前に，多くのことを学ばねばなりません。身体面では生殖能力を備えても，「親になるには早すぎる」という判断が一般的，もしくは常識的となるのかもしれません。

　　　私自身は，高校生たちに次のように語りかけます。正しいかどうかというよりも，一つの考え方として聞き，自分でしっかりと考えてほしいと願っています。
①セックスには，できるだけ慎重になってほしい。より安全なセックスという考え方があるが，100％安全な避妊方法はない。「新しい生命の誕生につながるかもしれない」，「親になるかもしれない」，このように考えるとき，慎重すぎて困るということはないと思う。
②現実のでき事として，中学生や高校生でもセックスをするようになることはある。その場合には，必ず避妊をしてほしい。男子に大きな責任があるのは言うまでもないが，女子も「妊娠したくない」ということは最低限，主張する必要がある。自分の身体は自分で守る，これは心掛けたい原則である。コンドームの使用は，性感染症の予防にも大きな効果がある。
③妊娠した場合，どうするか。私は，産んだ方がよいと考える。初めての妊娠で人工妊娠中絶をすることは，女性の心と身体に大きな傷跡を残すことになる。マザー・テレサの言葉にあるよ

うに、「母親が、自分の子どもを大切にできないで、いったい何を大切にできるのですか？」ということを男子も女子も深く考える必要がある。「本当に俺の子か」と言ってみたり、行方をくらましてしまうような男子は最低である。たとえ十代であっても、父親としての責任を、双方の両親や周囲の協力を得ながら果たすべきである。

　ただ、現実問題として考えたときに、経済的なことや社会的責任のことを含めて、「子どもが子どもを産む」ことに、大きな障壁があることは動かしがたい事実です。となると、やはり①の「セックスには、できるだけ慎重になってほしい」というところに戻ってきてしまいます。生殖の方は、セックスと手を切ってはいないのです。

　生まれてくることの大切さ、命の偉大さを見つめる上で、ぜひ読んでもらいたい絵本があります。

　　　　　鈴木まもる著『どうぶつの　あかちゃん　うまれた』(小峰書店，2008)

　末期のエイズ患者は、他の末期患者よりも孤独な中で死と向き合うことが多くなりがちです。「豊かな性と生」とは何かについて考えるとともに、「人間はあやまちを犯す存在である」「誰にでも起こりうることである」という立場に立とうとする心がけを持ちたいと思います。

**MEMO**

## 第3章 予測できる死＝避けられない死

# 4 ターミナル・ケア（死の看取り）

　予測できる死で，病状告知がなされている場合には，ターミナル・ケア（終末期のケア）が可能となります。これは，人生の終着点である死に至るまでの介護・看護のことを言います。医学的には，完治不能で，死期が6ヶ月以内に迫っている場合をターミナルと言います。

**Q1** 在宅でターミナル・ケアを行う場合の長所と短所を考えて書いてみましょう。

＜長所＞ _____
_____
_____
_____

＜短所＞ _____
_____
_____
_____

**Q2** 一般病院でターミナル・ケアを受ける場合の長所と短所を考えて書いてみましょう。

＜長所＞ _____
_____
_____
_____

＜短所＞ _____
_____
_____
_____

**Q3** 「ホスピス」という言葉を知っていますか？　ホスピスとはどのようなところでしょうか。ホスピスについて知っていること，あなたが抱いているホスピスのイメージを書いて下さい。

_____
_____
_____
_____
_____
_____
_____

**Q4** この下に，自分が理想とする「看取りの図」を書いてみましょう。
亡くなろうとしているのが誰なのか，年齢なども書いてください。
< いつ（何歳），どこで（自宅，病院，ホスピス，その他），誰が，どのように看取られるのか（周囲にいる人，部屋の様子，音楽など）>

# 第3章 予測できる死＝避けられない死

**Q5** あなたは，末期のガンで余命（よめい）1ヶ月と診断されました。相手を決めて，「別れの手紙」をこの下に書いてみて下さい。未来の妻や夫に向けて手紙を書いてもかまいません。

　　　　　　　（　　　　　　　　　　　　　）へ

**解説**

Q.1 在宅におけるターミナル・ケアの長所は，何といっても家族とともに，慣れ親しんだ環境の中で暮らせることです。旅立つ人にとっては，最高の環境と言えるかもしれません。しかし，介護・看護を家族が行うため，その負担は大きくなります。また，個室を用意する必要がありますが，住宅事情から不可能という場合も都会では多いでしょう。最近は，在宅ホスピスを担当する医師も少しずつ増えてきましたが，24時間対応の訪問看護ステーションとともに，在宅での看取りを支えるための態勢はまだ十分とは言えません．

Q.2 一般病院で死を迎える人が，約90％います。最大の長所は延命治療ができること，そして最新の治験薬などを含め，さまざまな積極的治療を継続できるところにあります。「最後の最後まで，ガンと闘う」と決めた人にとっては，最期の場所も一般病院ということになります。短所としては，緩和ケア（痛みや不快感を取り除くケア）に熱心とは言えない病院も少なくないこと，面会時間も限られているため家族と過ごしにくいこと，身体的治療・早期退院を目的としているために精神的なケアがなされにくいことなどがあげられます。

Q.3 ホスピスに関しては，初めて聞いたという人も多いようです。緩和ケア病棟を持つ病院（病棟型ホスピス）も増えてきましたが，絶対数の面でも社会的認知度の面でもまだまだ不足しています。施設だけが増えていっても，そこで働くスタッフの質が追いつかないようでは意味がありません。ホスピスを志す医師や看護師の養成も大切な課題です。

　全米ホスピス協会によるホスピスの定義は，以下のようなものです。
　「ホスピスとは，末期患者とその家族を家や入院体制の中で，医学的に管理するとともに看護を主体とした継続的なプログラムをもって支えていこうというものだ。医師・看護師・宗教家・ケースワーカーをはじめ，さまざまな職種の専門家で組まれたチームが，ホスピスの目的のために行動する。その主な役割は，末期ゆえに生じる症状（患者や家族の肉体的，精神的，社会的，スピリチュアルな痛み）を軽減し，支え励ますことである」。

　アメリカの心理学者マズロー（1908—70）が提唱した，欲求の階層構造はよく知られています。彼は，人間の欲求階層は，基本的なものから，生理的欲求→安全欲求→所属と愛情欲求→承認と自尊欲求の過程をへて，より高次な自己実現欲求に至ると説明しました。
　この理論は，ターミナルの患者にもそのままあてはまります。まず，身体的な痛みがとれないと，その次の欲求や願いは出てきません。一日中，痛みと闘って時間がすぎていきます。「痛みは，最もその人からその人らしさを奪うものである」，この考えがホスピスでは徹底されています。
　従って，ホスピスで医師が最も力を入れるのが，身体の痛みや不快感を取り除くことです。モルヒネなどを効果的に使用することで，末期ガンの痛みの90～95％は取り除くことができます。また，孤独の不安を取り除くためのさまざまな援助にも力を入れています。家族は24時間，いつでも見舞うこと

ができますし，家族室や個室に泊まることもできます。自宅からペットを連れてくることもできます。また，死後の悩みなど，さまざまな心配事については，ケースワーカーや宗教家（神父・牧師・僧侶など）が相談に乗ってくれるのも，ホスピスの長所です。「もうダメな人がいくところ」と考える人が多いようですが，そうではありません。その人がその人らしく「死ぬまで生きる」。これを支え，援助するのがホスピスです。

**MEMO**

# 5 積極的安楽死

松本信愛著『いのちの福音と教育』(サンパウロ，1998) を参考にして考えます。

**Q1** あなた自身は，どのようなときに「安楽死」を考えますか？

---
---
---
---

**Q2** 「早く死ぬこと」に同意した場合，その方法としてはどのようなものが考えられるでしょうか？

---
---
---
---

**Q3** 積極的安楽死が認められる要件を示したものとしては，1991年4月の東海大学付属病院安楽死事件の後に出された，横浜地裁の判決が有名です。整理して見ましょう。

（1）---
（2）---
（3）---
（4）---

**Q4** 今の段階であなたは，積極的安楽死に賛成する立場ですか，それとも反対する立場ですか。理由も書いてみて下さい。

---
---
---

**Q5** 「本人の意思」「自己決定」と言いながら，実は，直接的・間接的に積極的安楽死を選ぶように「圧力」をかけられているという可能性はないでしょうか？　積極的安楽死へと向かわせる「圧力」とは，どのようなものでしょうか。

---
---
---

# 第3章　予測できる死＝避けられない死

**解説**

Q.1　大きく分けて，以下の三つの場合があると思われます。
　　（1）人間としての尊厳性が認められないような状態で生きているとき。
　　（2）あまりにも苦しそうで，かわいそうに思ったとき。
　　（3）病人の世話をしている人に限界が来たとき。

　　　（1）は人工延命装置などを必要とする，いわゆる植物人間と言われている患者の場合，（2）はひどい苦痛をともなう患者の場合，（3）は経済的・体力的・精神的に看護をする家族が追い詰められた場合などが考えられます。

Q.2　これも，大きく三つに分類することができます。
　　（1）命を積極的に取る……積極的安楽死（筋弛緩剤などを投与）。
　　（2）医療行為を中止する……消極的安楽死。
　　（3）痛み止めなどで結果的に命が短縮される……間接的安楽死。

　　　安楽死の定義そのものが，一般にはまだよく理解されていないように思われますが，議論が混乱しないように，安楽死＝積極的安楽死として考えていくことにします。

Q.3　（1）患者が耐えがたい肉体的苦痛に苦しんでいること。
　　（2）患者は死が避けられず，その死期が迫っていること。
　　（3）患者の肉体的苦痛を除去・緩和するために方法を尽くし，他に代替手段がないこと。
　　（4）生命の短縮を承諾する患者の明示の意思表示があること。

　　　この四つの要件を満たしているときに，医師が故意に生命を終わらせた場合，これは医師の積極的な関与なので倫理的・法的には殺人罪が問われることになりますが，四つの阻却要件により，罪を問わないということです。

Q.4　「耐えがたい肉体的苦痛」を誰が判断するのかという点が，最も気になります。その人の苦しみは，その人の苦しみです。周囲の者が，「弱音を吐いてはだめ」「もっと頑張って」「これくらいの痛みは耐えられるはず」などと言っても，全く意味がありません。痛みに対する耐性にも個人差があります。周囲の者が「耐え難いか否か」を判定することはできないのではないかと思います。痛みは，その人から「その人らしさ」を奪ってしまう最たるものです。この点に関しては，柔軟な考え方をしたいと，私は思います。

Q.5　超高齢化社会となった日本では，高齢者医療の費用を抑制したいという，厚生経済・医療経済からの圧力が強くかかっています。お金を持っていない高齢者には，早く死んでもらいたいという

のが本音なのかもしれません。更に，「積極的安楽死をもっと普及させるべき」という論調がマスコミにも目立つようになってくれば，高齢者は「家族や社会に迷惑をかけてはいけない」という，有形・無形の圧力を感じるようになると思われます。

　本当の「豊かさ」とは何でしょうか。長い年月，この国で生きてきた人たちが「早く死にたい」と思う，思わざるを得なくなる国というのは，本当に豊かな国と言えるでしょうか。

**MEMO**

## 第3章　予測できる死＝避けられない死

## 6　葬儀について考える

　結婚式に関しては，ほとんどの人が時間をかけてさまざまな準備をします。しかし，葬儀となると，「縁起でもない」という考え方からか，準備をする人はまだまだ少数派です。突然死の場合には，家族も事実を受け容れられないまま葬儀の段取りをせねばならず，病院が契約をしている葬儀会社のペースでことが進められるケースも多くなります。結果的に，本人の「気持ち」や「意思」が反映されないのに，費用としては高額な請求書が葬儀会社から回ってくるということになりがちです。

　第3章のテーマである「予測できる死」は，「準備ができる死」とも言えます。葬儀に関しても，自分の意思を伝えることが可能です。欧米ではある程度の年齢になると，自分の葬儀に関して「生前契約」を済ませる人が多いそうです。本人が望んだとおりの葬儀を行ってもらうのですから，残された家族は「これで本当によかったのだろうか」と悩むことはなくなります。自分自身の葬儀について考え，そのことを伝えておくことは，残される家族に対しての思いやりの一つと言えるのではないでしょうか。

**Q1**　私たちは，なぜ葬儀を行うのでしょうか。葬儀が持つ意義としては，どのようなものがあるでしょうか。

----

----

----

**Q2**　今日では，葬儀の種類と形態は，多様化していると言われます。あなたが知っているものとしては，どのような葬儀の種類と形態がありますか。

----

----

----

**Q3**　松竹映画『おくりびと』（2008，2009年2月22日　第81回アカデミー賞で，日本作品として初めて外国語映画賞を受賞）は，亡くなった人を棺に納める人，納棺師を主人公として描いた映画です。郷里に戻り，納棺師の仕事を始めた主人公に，かつての幼なじみが「もっとマシな仕事に就けよ」と言います。また，夫の仕事を知ってしまった妻が，「普通の仕事をしてほしいだけよ。……触らないで！　けがらわしい！」と夫に言う場面があります。なぜ，このような言葉が出てくるのか，その理由を考えてみましょう。
　＜百瀬しのぶ著『おくりびと』（小学館文庫，2008）　参照＞

----

----

----

----

### 解説

Q.1　葬儀が持つ意義としては、次の三つを指摘することができます。
　　（1）社会的役割…葬儀を通じて、生前にお世話になった方に告知する場。
　　（2）心理的役割…悲しみの共有。別れのきっかけをつくる。
　　（3）宗教的役割…葬儀を通じ、宗教的な死のとらえ方をする。
　　　人間は一人で生きていくことができません。さまざまな人とのつながりの中で、「人」となります。「死」は、亡くなったその人だけのものではありません。その意味でも、独居老人の孤独死は、私たちの社会の「豊かさ」を考える上で、大きな問題です。

Q.2　まず、葬儀と告別式ですが、「葬儀」は故人の魂を送るために行われる儀式、「告別式」は、友人や知人が故人と最後のお別れをする社会的な式典です。一つの流れの中で行われることがほとんどです。多様化している葬儀の種類を見てみましょう。
（1）「密葬」と「家族葬」
　　　故人が有名人であったり、社葬などで会社関係の会葬者が予想される場合に、先に親族や親しい者だけで葬儀を行うことがあります。これが「密葬」です。後日、一般の参列者を招いた「本葬」を行います。「家族葬」は、家族や親しい友人など、少人数で単独で行う葬儀です。会葬者だけでなく、他の方々へも、失礼のないように「密葬」として行った旨をお知らせするべきでしょう。

　　　昨今、「密葬」が増えています。遺族の中には、「家族葬」として終えたかった人も多いようですが、実際には、ほとんどの場合にその後の「本葬」のようなものが行われるようです。「お別れの会」「偲ぶ会」などの名称も使われます。人は、多くの人との関わりの中で生きています。その人、一人だけで生きているわけではありません。ですから、結果的に「お別れをしたい」と思われる方がおられ、その方たちの思いに応えなければならないということです。「密葬で」とか、「家族葬で」という言葉がよく聞かれますが、結果的に2回、葬儀を行わねばならなくなると考えておいた方がよいと思われます。「家族葬」で済ませた場合、その後1年くらいの間、不定期にさまざまな方が弔問客として訪ねてこられるケースが多いようです。遠方からの方もおられるため、喪主や遺族は先方の都合に合わせて在宅しておかねばならないということになります。大手の葬儀会社、公益社の方の話では、「密葬や家族葬を選択した方のほとんどが、後悔しておられる」とのことでした。葬儀そのものについて、できるだけ考えないようにしていること、死も葬儀も、社会全体としてはまだまだタブーであり、開かれた対話がなされていないことが、このような混乱の背景にあるのではないでしょうか。
（2）市民葬・区民葬（自治体葬・規格葬）
　　　各自治体が提供している、低価格で簡素な葬儀です。福祉としてではないという考えから、補助金は出ません。ほとんどは市役所などが提携する一般の葬儀会社が葬儀を施行します。
（3）「直葬」（葬儀をしないで、火葬のみ）
　　　葬儀を行う法的な義務はありません。従って、葬儀を行わないことも可能です。

（4）「無宗教葬」
　　宗教者を招かずに，宗教色を抜いた自由な形で行う葬儀の総称です。
　（5）「自由葬」「音楽葬」
　　従来の葬儀の形式にこだわらずに自由な発想で行う葬儀を「自由葬」「プロデュース葬」と呼びます。無宗教で行う場合もあれば，そうでない場合もあります。
　（6）「自然葬」「散骨（さんこつ）」「樹木葬」
　　海や川，山，宇宙などに散骨を行って自然に帰すことを「自然葬」と呼びます。樹木を植えたりして埋葬することを「樹木葬」と呼びますが，墓地として登録された場所でしか行えません。葬儀というよりは，埋葬する墓地の種類です。
　（7）「生前葬」
　　本人が生きているうちに行う葬儀です。まだ，珍しいですが，有名人などにこれが広がっています。お世話になった人に自分で直接お別れを言うことができます。「生前葬」を人生の一つの区切りにして，新たな生活に踏み出そうと考える人もいます。

　葬儀の一般的な流れについて，西宮市に本社のあるイースター式典社の方が書いて下さった資料があります。キリスト教葬儀の専門会社ですが，仏式の場合も流れとしてはほぼ同じです。少し長くなりますが，引用しておきますので参考にして下さい。

　　「亡くなられた故人の遺体処置は基本的に病院が行います。御自宅などで亡くなられた場合には葬儀会社が行うこともあります。お身体をアルコールで消毒したり開口部を綿花等で詰めたりします。特殊な遺体処置としては，エンバーミングという方法があります。火葬の日程を延ばす場合や，御遺体の激しい損傷（そんしょう）を整える場合に用いられる方法です。処置が終わりましたら，亡くなられた場所（病院など）から自宅もしくは式場に搬送されます。搬送先で御遺体を安置する際に，棺（ひつぎ）に納めることがほとんどです。安置後，ドライアイスや保冷剤で御遺体の体温を下げます。腐敗防止のためです。安置が終わった後，葬儀についての打ち合わせが始まります。内容としては，前日式，当日式の日程や葬儀にかける時間，会葬者の人数に合わせた準備や葬儀プランなどです。火葬は死亡後24時間以降で許可された場所でしかできません。関西ではお骨上げまでに2時間から3時間かかります。一般的には当日式の終盤にお棺の蓋（ふた）を開けて故人とのお別れの場を持ちます。この時，飾りつけのお花を棺の中に入れて飾ることもあります。これらの話を，時間的にも精神的にも余裕のない中で遺族の方と打ち合わせをさせて頂くことになります。時間にして1時間半から2時間程度です。遺族の方が準備するものとしては，病院から発行された死亡診断書，御印鑑（三文判・シャチハタは不可），御遺影写真の原版などです。葬儀に準備するものとしては，棺に入れる故人の愛用品です。不燃物は避けます。プラスチックは骨に付着します。葬儀の日程が決まりましたら，関係者に連絡します。」

　葬儀に関しては，「そのときになってから考える」ということがとても多いようです。もし可能ならば，自らの葬儀について，「このようにしてほしい」という意思を家族や親しい人に伝えておきたいも

のです。「葬儀のことは考えたくないので，すべてあなたにお任せします。あなたがよいと思う方法で行って下さい」というのも，立派な自己決定だと思います。少しずつでも，そのような準備ができていれば，残された人たちの中に，悲しいけれども，「これでよかったのだ」という思いが広がると思います。

Q.3　映画『おくりびと』は，ぜひ見てもらいたい映画です。
　　　2008年のヴェネチア映画祭でグランプリを受賞しました。

　　　　納棺師の仕事をやめてほしいという妻と夫の会話です。
　　　　妻「まさかこんな仕事をしているなんて……。恥ずかしくないの？」
　　　　夫「どうして恥ずかしい？　死んだ人を触るから？」
　　　　妻「普通の仕事をしてほしいだけよ」
　　　　夫「普通ってなんだよ？　誰でも必ず死ぬだろう？　俺だって死ぬし君だって死ぬ。死，そのものが普通なんだよ」

　　　また，火葬場の職員として点火スイッチを押す仕事をしている老人が次のように語る場面があります。
　　　「長いこと，ここにおるとつくづく思います。死は門だな，と。死ぬということは終わりじゃない。そこをくぐりぬけて次に向かう。まさに門です。私は門番として，ここでたくさんの人を送ってきた。いってらっしゃい，また会おうねって言いながら」

**MEMO**

# MEMO

## 第4章
## 避けられるかもしれない死

# 第4章　避けられるかもしれない死

　避けられるかもしれない死として，この章では交通事故と自死（自殺）を考えます。交通事故には，人間の不注意やルール違反が大きく関係しています。原因が人為的なものであるだけに，「避けることができたかもしれない」と，考える人は多いと思います。

　一方，自死（自殺）を「避けられるかもしれない死」と分類することには，なぜだろうと感じる人もいると思います。家族が自死をした場合，他者から何も言われなくても，残された家族は自分を責めています。「そこまで苦しんでいたのに，どうして気づいてやれなかったのだろう。自分は親として失格だ」。「夫が出しているサインを見落としていた。妻である私は一番近くで見ていたはずなのに……」。人にはなかなか言えない苦しみを抱えています。その苦しみの中，「自殺は避けられる死だ」と言い切ることは，精神的・経済的・物理的に苦しんでいる遺族を，さらに追い込むことになってしまいます。反対に，「避けられない死だ」と言い切ってしまうことは，自殺防止に向けてさまざまな取り組みをしている人たちの努力を無意味なものであると決めつけることになります。さまざまな取り組みや関わりによって，一人でも自死を食い止めることができれば，それは本当に意味のあることです。

## 1　交通事故

**Q1** 新聞の社会面から，小さな記事でもよいので，交通死亡事故の記事を切り抜いて持ってきます。

（1）死んでしまった人になって考えます。天国から，どのような手紙を家族に書くでしょうか。「1回だけしか書けない手紙」とします。

---
---
---
---
---

（2）残された家族の一人になって考えます。天国に行ってしまった人に，どのような手紙を書くでしょうか。「1回だけしか書けない手紙」とします。

---
---
---

**Q2** 交通事故は，歩行者・自転車・バイク・自動車，さまざまな組み合わせで起きています。あなたが実際に「危ない！」と思ったケースを三つあげて，図で示してみて下さい。自転車が関係するケースを含めるようにして下さい。

① 

② 

③ 

1 交通事故

## 第4章　避けられるかもしれない死

### 解説

Q.1 死んでしまった人，残された家族，ともに何とも言えない無念さが満ちていると思います。残された家族が，お互いを責め合うようになり，家庭が崩壊してしまうケースも珍しくありません。子どもを失った夫婦は，危機に直面します。お互いが寄り添って何とか危機を乗り越えていく夫婦もいますが，夫婦がお互いを責め合って離婚へと至るケースもあります。母親は泣いて泣いて，泣き暮れています。家事も全くできなくなってしまいました。父親は感情を表に出すことが苦手で，ひたすら何か（仕事や家の修理など）に打ち込むことで自分の悲しみを乗り越えようとしています。お互いに相手の悲しみのあらわし方が理解できません。次のような事例もあります。

　　仲のよい夫婦と大学生になる一人息子の家族。毎年，それぞれの誕生日には決まったレストランで食事をしています。息子の20歳の誕生日。7時の約束なのに，まだ息子は来ません。父親が息子の携帯に電話をしました。「お父さんも，お母さんも待っているぞ。早く来なさい」。バイトを大急ぎで切り上げた息子はバイクでレストランに向かいます。その途中で，大型ダンプと正面衝突。即死でした。

　　「早く来いなんて言わなければ……」，当然，父親は自分を責めています。かけがえのない一人息子を失った妻は，悲しみと怒りの中で，夫を責めてしまいます。「あなたが，早く来いなんて電話をしたから……」

Q.2 運転免許更新センターなどでは，実際に起きた悲惨な事故の様子が詳しく映像でドライバーに紹介されています。自転車が絡む事故が急増していますが，自転車は免許不要のため，安全講習が大きく不足しているように思われます。中学生や高校生が関係するのも，ほとんどが自転車絡みの交通事故です。

　　多くの人が「危ない！」と思うことと共通していると思いますが，例を挙げます。

　　他にも危険だと思えることはあると思います。グループで「ヒヤッとした体験」を話してみるのもよいでしょう。

　（1）携帯電話・スマートフォン
　　　　通話をしているだけでも，注意力が散漫になります。ひどいのは，運転をしながらメールを打っている人がいることです。（自動車，自転車ともに）
　（2）夜間なのに無灯火の自転車
　　　　自転車からは，自動車やバイクのライトはよく見えるはずです。しかし，自動車からは，反射板でもない限り，自転車が全く見えないことが多々あります。対向車のヘッドライトと交錯して自転車や歩行者が見えにくくなることもあります。たそがれ時の点灯も，周囲に自分の存在を知らせるために必要です。
　（3）右側通行の自転車
　　　　車道は，自動車・バイク・自転車ともに左側通行です。左右の安全確認をしている際にも，

予測できない右側通行の自転車が突然現れてヒヤッとすることがよくあります。

（4）歩道内での歩行者と自転車の接触

　　本来ならば，車道・自転車道・歩道と分離されているべきですが，日本の道路は狭いため，歩道を自転車が走ってもよいことになっているところがあります。

　　朝の通勤・通学で駅の駐輪場に向かう自転車は，とんでもない猛スピードで歩道を走っています。幼児，ベビーカーを押している人，お年寄り，ハンディのある人，さまざまな人が歩道を歩いているのに，全くその配慮(はいりょ)がありません。歩行者と自転車とでは，歩行者の方が「交通弱者」ですが，その配慮がありません。それに，本来は「歩道」，人間が歩くための場所なのですから，そのことをわきまえて，スピードを落として自転車を走らせるべきです。警察のスピード違反取り締まりも，見通しのよいスピードの出やすいところで行っています。危険性から言えば，歩道を猛スピードで走る自転車に対して行われるべきでしょう。

（5）雨の日に，傘(かさ)をさして自転車の片手運転

　　当然のことながら，視界も悪く路面も滑りやすい中で，ブレーキも常時片手のみとなってしまいます。傘が風にあおられてバランスを崩すこともあります。片手運転は2008年施行の新しい道路交通法では，違反となりましたが，遅きに失した感があります。いつも使用している自転車が雨天の場合には使えないとなると，不便なものです。その点は理解できます。しかし，自動車を運転する人の視界も雨で悪くなっています。傘をさして歩いている歩行者の視野も，水たまりを避けようと足元に集中しがちです。少し考えれば，非常に危険な行為であることが分かるはずです。大きな背荷物も包めるポンチョ型の雨合羽(あまがっぱ)等の開発・普及・義務付けが急務です。

　　雨の日には自転車に乗らないことが一番です。前日に天気予報をチェックする習慣も大切です。

**MEMO**

## 2 自　死（自殺）

### 1. いじめ

**Q1** KY（空気が読めない）という言葉がはやりました。この言葉は，いじめと深い関係があります。なぜでしょうか？

**Q2** いじめの初期段階に，「無視」というのがあります。物理的な暴力も，言葉の暴力も受けていないのに，「無視」はこたえます。なぜでしょうか。
「おはよう」と声をかけたのに，何も返ってこないとします。あなたはどんな気持ちになりますか？

**Q3** 学校で起きる陰湿ないじめ。本当に避けることができるのでしょうか？
特に，「お金を持ってこい」と数人のグループから要求されるケースは，本当に避けることができるのでしょうか。

**Q4** いじめを解決するには，直接の加害者でも被害者でもない，「その他大勢」の役割がとても重要です。彼らは傍観者になることで，消極的ないじめの加害者となってしまいますが，反対にいじめを止める力にもなります。どのような方法が「止める力」になるでしょうか？

----

**Q5** 「いのちを捨てるな，学校を捨てろ」とはどういう意味でしょうか？

----

**Q6** 1998年7月27日。高校1年生だった小森香澄さんが，いじめにより自らの人生に終止符を打ちました。母親の美登里さんは，「自死」というより，「深い心の傷により，死へと追い詰められていった」と表現した方が正しいと理解しています。自死をはかった4日前に，香澄さんは「優しい心が一番大切だよ。その心を持っていない，あの子たちの方がかわいそうなんだ」という言葉を母親に残しています。この言葉にはどのような意味があると思いますか。
＜小森美登里著『優しい心が一番大切だよ』（WAVE出版，2002）　参照＞

----

2　自　死（自殺）

## 第4章　避けられるかもしれない死

**解説**

Q.1　携帯電話やインターネットの普及で，コミュニケーションの道具は大幅に増えました。若者はその分，高度なコミュニケーション能力を要求されるようになりました。
　　　常に集団の空気を読み，自分だけが浮いてしまわないように神経を使いながら生活しています。
　　　集団の空気が「個人」に優先するということで，これは個人の抑圧につながる言葉です。「みんな違って，みんないい」これが，人権問題を考える際のキー・ワードです。自分にとっては居心地が悪くなる相手でも，多様性や違いを認める姿勢が大切です。

Q.2　「無視」。これだけで刃物はいりません。人格的には，その人を完全に抹殺していることになります。「お前なんか，いない方がいい」「お前なんか，死んでしまえ」，このことを無言で伝えることになります。言葉は，人間に与えられた豊かな宝物です。それゆえ，「言葉が返ってこない」ということは，相手を深く傷つけることになります。無視は，人格的な人殺しです。
　　　たとえ自分にとっては不都合な相手でも，「敵じゃないよ。攻撃しないでね」という意味合いは，あいさつで伝えることができます。

Q.3　「避けられるかもしれない死」として，イジメを苦にした自殺を考えています。
　　　けれども，子どもたちは一日の生活の大半を学校で過ごします。「世界は広いぞ」，そのようなことを言われても，目の前の世界が，その子にとっての世界ですから，なかなか視野を転じることができません。同じことは，大人の社会や組織でも起きています。権力（職場における力関係）を背景としたパワー・ハラスメント，それが原因でうつ病となり自殺をしてしまうケースも新聞等で報じられています。大きく報じられていないだけで，現実には大小さまざまなパワハラが横行しています。
　　　視野を外に向ける，今自分が直面している世界が，「この世の全て」ではない，このような考え方に持っていくためにはどうすればよいか。誰もが，イジメの被害に遭う可能性があります。平和なときから，このようなイメージ・トレーニングをしておく必要があります。
　　　「お金を持ってこい」と要求されるようなケースでは，一番最初の段階で，あるいはできるだけ早い段階で，信頼できる大人に相談することがきわめて大切です。「おどせば金をとれる」という結果が，要求をエスカレートさせていくことになります。

Q.4　一人でイジメを止めに入ると，その人が次のイジメのターゲットになってしまうということはよく言われることです。**「みんなで声をあげる」**，このことができるか否かにかかっています。みんなで直接言うのも一つですし，みんなで先生のところに言いに行くのもよい方法です。「ちくったら（告げ口をしたら），イジメが余計にひどくなる」，これもよく聞く言葉です。でも，困っているのは誰なのかを考えてみて下さい。相手をおとしめることを目的に行われるのが告げ口です。「痛い，苦しい，辛い」，これで困っているあなたが，「やめてくれ」と言うことは告げ口ではありません。人間として生きていくためにどうしても必要な自由を守るために，その権利を主張し

ているだけです。
　「その他大勢」の役割にかかっています。いつ自分が被害者になるか分からないとおびえるよりも，人権を守るためにみんなで声をあげる。私たちの住む社会が住みやすい社会になっていくかどうか，生きていてよかったと思える社会になっていくかどうか，その根幹を左右する問題です。

[日本国憲法第12条]　この憲法が国民に保障する自由及び権利は，国民の不断の努力によって，これを保持しなければならない。又，国民は，これを濫用してはならないのであって，常に公共の福祉のためにこれを利用する責任を負う。

Q.5　全国の高校中退者数が増加したこともあり，文部科学省は高校卒業資格認定試験を導入しました。高校を中退していても，大学入試にチャレンジできるようにするためです。生きていれば，何とかなります。他の学校でやり直すこともできます。たとえ，素晴らしい学校であったとしても，あなたの命と引き換えにするほどの価値はありません。学校は，人が通り過ぎ，踏み台にしていくために存在しています。
　たとえ，回り道だと思えるコースになったとしても，後から考えて「あのときの経験があったから，今の自分がいる」と思えるようになります。たとえばそれは，人の苦しみや悲しみに共感できる力かもしれません。
　もう一度言います。学校には，あなたの命と天秤にかけるような価値はありません。

Q.6　小森香澄さんは，9歳のときに『窓の外には』という詩を残しています。

　　　　窓の外には夢がある
　　　　夢のとなりには自然がある
　　　　自然の上には空がある
　　　　空の上には星がある
　　　　星の向こうに未来がある
　　　　未来の向こうに愛がある
　　　　愛の中には心がある

　母親の美登里さんは，手記の中で，次のように訴えています。

　「いまの子どもたちが未来を築いていく以上，その子どもたちの意識が，そのまま明日の日本へと継承されていきます。相手の立場に立って物事を考えることができず，心の痛みを想像することができない人間，すなわち，自分本位な人間の割合が多くなるということが，なにを暗示しているかを真剣に考えなくてはいけない時期がきているのではないでしょうか。」
（小森美登里著　『優しい心が一番大切だよ』　WAVE出版，2002）より

# 第4章 避けられるかもしれない死

## 2. 経済苦

**Q1** 1998年から2011年まで，この国では自殺者の数が3万人を上回る年が14年間続きました。毎日約90人の人が自死をしています。未遂者(みすいしゃ)を含めると更に多くなります。

一人の自死で精神的に深刻(しんこく)なショックを受ける人が5人はいるとも言われています。3万人の自殺者がいるということは，少なくとも1年間で15万人もの人が深刻な精神的ショックを受け，その中で生きているということになります。

なぜ，このような社会になってしまったのでしょうか？

**Q2** 病死や交通事故死に比べて，家族を自死で失った人は，そのことを長く複雑な形で引きずると言われています。それはなぜでしょうか？

**Q3** 家族を自死で失った場合，その苦しみなどを相談する窓口を知っていますか？

## 解説

Q.1 2006年6月，遺族の声や10万人以上の署名に押されてようやく自殺対策基本法が施行されました。そこでは，「多くの自殺は，個人の自由な意思や選択の結果ではなく，様々な悩み（倒産，失業，多重債務等の経済・生活問題のほか，病気の悩み等の健康問題，介護・看護疲れ等の家庭問題などの様々な要因とその人の性格傾向，家庭の状況，死生観など）により心理的に『追い込まれた末の死』ということができる」と定義されました。やっと，という感じがします。

しかし，私たちが住む社会に目を向けると，自殺にまで追い込まれていく人たちの苦悩に対する想像力，共感はほとんどなくなってしまっているのではないか，そのように感じることがあります。

政治学者の姜尚中（カン・サンジュン）氏は，『ニッポン・サバイバル』（集英社新書，2007）の中で，朝の通勤ラッシュ時に，人身事故で電車が遅れるというアナウンスが駅構内であったときのあるサラリーマンの声を紹介しています。

「ちぇ，また飛び込みかよ。仕方ねぇーなぁ。何でよりによってこんな時間にやるんだよ。死ぬなら他のところでやれよ。死んでまで人に迷惑をかけやがって」。

そして，フツーの人々の中に宿る寒々とした，他者への無関心と無慈悲に悪寒が走るようであったこと，その殺伐とした光景と「いじめ」にあえぐ学校とが二重写しになっていたと述べています。

急増している中高年の男性の自殺は，経済苦によるものが多いのが特徴です。その中には，多重債務による苦しみから自殺に至るケースも少なくありません。消費者金融からの借金は，確かに「自己責任」です。しかし，いわゆるグレー・ゾーンと言われる29％もの高金利で貸し付けていた消費者金融，そして洪水のような消費者金融のCMや広告を批判する声は弱いように思います。その背後には，銀行の貸し渋りや貸しはがしがあること，その銀行自体は，バブル経済（1987～1990年）で抱えた巨大な不良債権を処理するために，「公的資金（税金）」で救済されていること等に対しても，批判の声は強いとは言えません。増加している中高年男性の自殺に関して，社会が持つ構造的な歪みに目をむけることも必要です。うつ病と自殺との関係はよく知られていますが，急増している非正社員の不安定さ，人数的に少なくなった正社員の仕事量の増大がストレスの多い社会を作り出していることは間違いありません。競争原理が過度に強調される社会は，人々の心の安定を奪います。

＜参考文献：弘中照美著『お金のために死なないで』（岩波書店，2008）＞

Q.2 病死や交通事故死ならば，同情もしてもらえますが，「自殺」となると，世間の偏見はまだまだ厳しいものがあります。既に「他人事」と言えないほど自殺者の数は増えているにもかかわらず，この壁は厚いものがあります。

# 第4章　避けられるかもしれない死

「自殺をするのは，心の弱い人たちだ」「死ぬ気になれば，何だってできるはずだ」「自殺は，結局は本人の問題だ。自己責任だ」「フツーの人ならば自殺なんてできない。自殺をするような人は，恐ろしい考えの持ち主だ」，このような偏見や無理解が幅を利かせています。

　少なくとも，親を失った子どもに，その責任はありません。しかし，人に言えないということは，その悲しみ・苦しみをずっと心の中にしまいこんで生きていくということを意味しています。
　勇気を出して，自分の父親の自死について語り始めた青年たちがいます。2冊の本を紹介したいと思います。是非，手にとって読んでみて下さい。

自死遺児編集委員会・あしなが育英会　編集
『自殺って言えなかった。』（サンマーク出版，2002）

今西乃子（いまにしのりこ）著『ぼくの父さんは，自殺した。』（そうえん社，2007）

Q.3　毎年，15万人以上の人が，身近な人の自殺によって大きな精神的打撃を受けているとすれば，これはもはや「誰にでも関係があること」です。
　　　代表的な団体を二つだけ紹介します。

NPO法人　自殺対策支援センター　ライフリンク

　　　　　〒102-0071
　　　　　東京都千代田区富士見2-3-1　信幸ビル302
　　　　　電　話：03-3261-4934
　　　　　ＦＡＸ：03-3261-4930
　　　　　E-mail：info@lifelink.or.jp

NPO法人　自死遺族支援ネットワークRe

　　　　　〒856-0826
　　　　　長崎県大村市東三城町11-4
　　　　　電　話：090-5280-5032
　　　　　E-mail：info@re-network.jp

# 3 孤独死

**Q1** 「孤独死」は，女性よりも男性に多いと言われています。理由として，どのようなことが考えられるでしょうか。

**Q2** 特に，男性の孤独死を防ぐために，どのような工夫が必要だと思いますか。

**Q3** 地域社会の力が弱くなっています。元気で健康な時は，気楽で良い面もありますが，いざ助けが必要になったときに，「誰も気づいてくれない」「誰にもSOSを出せない」という状況が生まれやすいと言われています。解決法の一つとして，「適度なお節介の復権」を主張する人がいます。あなたが考える，「適度なおせっかい」を書いてみて下さい。

# 第4章 避けられるかもしれない死

**解説**

Q.1 職場と家庭との往復で，人生の大半を過ごしてきた男性は，定年退職と同時に人的ネットワークがプツリと切れ，「頼りは妻だけ」となるケースが多いようです。これには，「サラリーマンの正社員と専業主婦」をモデルに，家事・育児・親の介護・地域の仕事を妻が引き受け，夫は企業戦士として長時間残業や休日出勤・接待ゴルフなどをバリバリとこなすことが当たり前（他には選べない）という社会風土が強く存在していたことも影響しています。ですから，一方的に男性を責めるのは酷なように思います。自治会，町内会，ＰＴＡ，趣味のサークル，ボランティア活動などを通して，様々な人的ネットワークを作ってきた女性とは大きな差が出ます。

　夫と死別した女性の場合，一緒に食事をしたり，旅行に誘ってくれたりする女友だちは結構多いようです。温泉でも，ディズニーランドでも，女二人連れで行けないところはありません。それに比べると，妻と死別した男性は，「頼りは妻だけ」という人が多いだけに，孤独が深まる人が多いようです。

　基本的に競争社会で生きてきただけに，人に弱みを見せることができない，泣き言を言えない，泣けないというのも男性の方が顕著です。心には，ずっと鎧をつけたままです。

　女性の場合，身近なところで，「簡易カウンセラー」とでも言える役割をしてくれる女友だちが複数いる場合が多い。「孤独死」が男性の方に多いのは，このような理由によるものと考えられます。

一冊の漫画を紹介しておきます。

村上たかし　　『星守る犬』　（双葉社，2009）

　ごく普通の「お父さん」が，失業をきっかけに孤独死へと向かうストーリーです。倒産やリストラによる失業は，誰にでも起きうる社会になってきました。
　2011年6月には映画化もされました。主演は，西田敏行。東日本大震災で大津波を受ける前年の東北地方太平洋側もロケ地となっています。

Q.2 職場の他に，人的なネットワークを築いておくことが大切だと思います。
　「粗大ゴミ　定年後には　濡れ落ち葉」などという，川柳がありますが，職場の他に大切なコミュニティを持っておくこと。これに尽きると思います。定年後に，急に作ろうと思ってもなかなか難しいので，趣味でもボランティアでも，お寺の活動でも教会の活動でも，アンテナをはって参加してみる，あるいは参加のための準備をしておく，そのようなことが求められています。

Q.3 独居老人や，老老介護をしている老人だけの世帯が特に心配です。個人情報保護法との関係もあり，プライバシーに関わる情報をなかなか公開しにくい現実があります。けれども，「誰と，どのようにして暮らしているか」は，生死に関わる大切な情報ともなります。情報の管理は大きな

課題ではありますが，本人の承諾を得て，見守りの仕組みを作っていくことを始めている自治会や町内会もあります。

　一つの例として，一輪挿しの造花を利用する方法もあります。朝起きたら，その造花を玄関先に刺す。夜，就寝する前に，その造花を家の中に入れる。これをしてもらえば，近所の人が家の中まで入らなくても，平穏に暮らしているか否かが分かります。昼間になっても，造花が玄関先に刺されていなければ，「寝込んでいるのかな」「倒れているのかな」という心配をするサインとなります。独居老人宅であることや留守宅であることを知られないように、全ての住居で同じように造花を出し入れするほうがよいでしょう。

**MEMO**

# 第5章
## 避けられる死

# 第5章　避けられる死

最後に、唯一「避けられる死」と言えるものについて考えます。それは、戦争です。

## 1　戦　争

1.『死んだ男の残したものは』（作詞：谷川俊太郎／作曲：武満徹）

「死んだ男の残したものは　ひとりの妻とひとりの子ども
　他には何も残さなかった　墓石ひとつ残さなかった」
「死んだ兵士の残したものは　こわれた銃とゆがんだ地球
　他には何も残せなかった　平和ひとつ残せなかった」

© 1984, Schott Music Co. Ltd., Tokyo
Reprinted by permission of Schott Music Co. Ltd., Tokyo

［感　想］

2.『普通の国になりましょう』（C・ダグラス・ラミス著，大月書店　2007）
　＊日本の長い歴史の中で，政府が最も強い軍隊を持った時期と，国民が暴力によって殺された数が最も多かった時期は「同じ」です。

　普通って「正常」のこと？（次ページ）を読んで，感想を書いてみてください。
［感　想］

# 普通って「正常」のこと？

　辞書で「異状」をひくと、「普通とはちがった状態」という定義があります。「異常」をひくと、「普通とはちがうこと」とあります。「好ましくない意を込めて使うことが多い」とも書いてあります。使用例としては、「異常分娩」「異常体質」「異常心理学」が出てきます。「異常」の反対語は「正常」。そして「正常」の定義は「普通であること」（広辞苑より）。

　なるほど。
　普通でない状態は異常。そして、異常な状態は好ましくない。病院の検査の結果が「異常なし」だと安心できます。異常心理学は、ノイローゼや精神病の患者を研究する学問です。

　では、「普通の国になりましょう」という発想は、異常な状態をやめ、正常＝好ましい状態へ戻りましょう、という意味なのでしょうか。

　しかし、好ましくない状態が普通になることもあるでしょう。ひどい伝染病がはやれば、病気になることが「普通」になるかもしれません。しかしそのとき、その病気の体が「正常」で、健康な体が「異常」なのでしょうか。

　第1次世界大戦のとき、塹壕戦に我慢できなくなったイギリス兵士は、精神病院に入れられ、カウンセリングをうけさせられました。「もう一度塹壕へ行く」と言えた人が、「治った」といわれました。

　現在、日本のように、憲法で戦争を放棄する国が「異常」で、その憲法を変えて戦争のできる国になれば、普通＝正常になる、ということなのでしょうか。

　しかし、人が病気か健康かは、多数決では決められません。多くの人がこうなっている・なっていないという基準ではなく、体のなかに別の基準があるのです。社会に関しても、同じことが言えないでしょうか？

　軍事教練指導官ならみな知っていることですが、普通の人間を兵士にするためには、とてもきびしい、洗脳に近い訓練が必要です。
　それはなぜでしょうか。普通の人は命をかけるのがいやだから、ということだけではありません。

　ほとんどの人間の心には、人を殺せない、壁のようなものがあります。兵隊の基礎訓練は、その殺人に対する抵抗をとりはらうためのものです。

1　戦　争

# 第5章 避けられる死

　　第2次世界大戦に参加したアメリカ陸軍のうち，実際に銃を撃てた兵士は，半数以下でした。その後基礎訓練がよりきびしくなり，ベトナム戦争では90パーセント以上が銃を撃てるようになりました。

　　だからといって，精神的な負担が減ったということではありません。アメリカ陸軍の調査によると，兵隊が60日間続けて前線にいると，戦争神経症になる割合は98パーセント。残りの2パーセントは，すでに神経症をもっていた人だそうです。

　　アメリカにはベトナム戦争に参加した元軍人が350万人いますが，そのうち50万人から150万人くらいが神経症をわずらっているそうです。そして，ベトナムで殺された兵士の数より，自殺した兵士の数のほうが多いと言われています。帰国してからホームレスになった兵士も大勢います。

　　つまり，戦争はきわめて異常な状態です。
　　兵士がやらなければならないことが異常なため，兵士自身が異常な人間にならなければなりません。

　　大きな戦争をすると，軍隊だけではなく，その軍隊の背後にある社会そのものが異常な状態になります。
　　たとえば，国が戦争にかかわった場合，その国の殺人犯罪率が平均10パーセント上がるといいます。

　　そう考えれば，戦争だらけの20世紀は普通＝正常でもなんでもなく，異常な時代でした。
　　日本国憲法は，その異常なやりかたから脱皮した，「普通の生活＝平和的な生活」を提案しているのではないでしょうか。

3.「さとうきび畑の唄」
　①『さとうきび畑』（作詞・作曲：寺島尚彦／編曲：淡海悟郎）　を聞く

> 「ざわわ　ざわわ　ざわわ　広いさとうきび畑は
> 　ざわわ　ざわわ　ざわわ　風が通り抜けるだけ」
> 「あの日鉄の雨にうたれ　父は死んでいった　夏の陽ざしのなかで」

JASRAC出0900736-901

　②TBS制作ドラマ「さとうきび畑の唄」（2003）
　　主人公の明石家さんまが，無抵抗のアメリカ兵を「殺せ」と上官から命令される。
　　拒否した結果，上官から殺される場面のVTRを視聴する。明石家さんまが2回繰り返す言葉。

「私は，こんなことをするために生まれてきたんじゃないんですよ」

**Q1** 「戦争で人を殺すよりは，自分の子どもを殺害した相手を報復目的で殺す方がまだまし」とは，どういう意味でしょうか？

---
---
---
---

**Q2** 最初の最初，兵士たちに，相手の兵士に対する憎しみはあるのでしょうか？

＊出会い方が異なれば，相手の兵士とは友人になれたかもしれない。
＊国家の命令によって，個人が殺したり殺されたりすることの非人道性。
「お国のために死んだ」のか，それとも「国が死なせた」のか。

4.「きみは愛されるため生まれた」（作詞・作曲：イ・ミンソプ／訳詞：神明宏　鍾弼＆B.B.J.）

「きみは愛されるため生まれた　きみの生涯(しょうがい)は愛で満ちている
きみは愛されるため生まれた　きみの生涯は愛で満ちている

永遠の神の愛は我らの　出会いの中で実(み)を結ぶ
きみの存在が私には　どれほど大きな喜びでしょう

きみは愛されるため生まれた　今もその愛　受けている
きみは愛されるため生まれた　今もその愛　受けている」

(C)2004 Lee Min Sup／LIFE MUSIC（WORD OF LIFE PRESS MINISTRIES）

**Q3** 私たちは，何のために生きているのでしょうか？

---
---
---
---
---
---
---
---
---

## 第5章　避けられる死

**解説**

もし，手に入るのであれば是非，CDやビデオも使用してほしいと思います。

Q.1　現在の法治国家では，「やられたらやり返す」ということは，認められていません。

　被害者個人による報復は禁じられています。裁判を通して，被疑者（容疑者）の有罪が確定したら，国家が被害者に代わって犯人に刑罰を与えます。その極刑が死刑です。理由があれば国家が人を殺してもよいのかという問題，その残虐性，死刑執行人が受け続けるストレス，冤罪の可能性，凶悪犯罪の抑止力にはならないなどの観点から，ほとんどの先進国では廃止の方向にあります。日本では，死刑存続賛成の世論がまだ強いようです。被害者の報復感情を少しでも満たすためというのが，存続の強い根拠になっています。

　してはいけないこと，許されないことですが，大切な人を殺されて，その直接の報復のために殺人を行う方が，国家の命令によって人殺しをするよりはまだましという意味だと思います。

Q.2　現在の戦争はミサイル戦争で，歩兵といえども，直接肉眼で敵兵を確認しながら撃ち合うことはほとんどないそうです。仮に，相手の兵士と撃ち合う場面があったとします。一番最初は，必ず上官の「撃て！（ファイヤー！）」という命令から始まります。兵士は，独自の判断で射撃をするようには訓練されていません。上官の命令に必ず従うように（反対しないように）訓練されています。

　いざ，戦闘が始まって，隣にいる戦友が撃たれるような事態になると，相手の兵士に対する憎しみや報復心も高まりますが，最初の最初は，必ず「上官の命令で」始まります。

Q.3　この，「きみは愛されるため生まれた」という歌は，韓国で静かなブームになった歌です。プロテスタントの人口が全人口の約4分の1という韓国は，カトリックの人口と合わせればキリスト教国と言えるかもしれません。（アジアのもう一つのキリスト教国は，カトリックが90％以上のフィリピンです。）

　この歌を初めて聞いたとき，私は涙が出てきました。

　イジメ，差別，虐待，盗み，リストラ，暴力，殺人，戦争……　「きみは愛されるため生まれた」とはとても言えないような現実が横たわっています。そのことを思うと，涙が出てきました。そして思いました。

　「現実は，まったくこの通りにはなっていない。心が痛む，目を覆いたくなるような現実がある。

　しかし，にもかかわらず，本来はこのようにあるべきだろう。

　『きみは愛されるため生まれた』」

## 2 戦争で死ぬ、ということ

　ベトナム戦争(1965-73)で、自由な報道を許したことが、戦場の残酷さや兵士の悲惨さをアメリカ国民に伝えることになり、それがベトナム反戦運動へとつながっていきました。アメリカ政府はその経験から、戦場における「報道の自由」にとても神経を使うようになりました。1991年の湾岸戦争では、テレビゲームの画面のような映像が繰り返し流され、「ピンポイント攻撃」が強調されました。ミサイルが投下されれば、ビルなどの建造物のみならず、水道・ガス・電気といったライフラインも破壊されます。破壊された建物の内部や周辺には、必ず死者がいます。でも、その死者の様子は映像として流れませんでした。「死」を見ずに戦争を語っている人が多いのではないでしょうか。1941年から1945年のアジア・太平洋戦争でも、日本軍兵士の多くは、アメリカ兵やイギリス兵と戦って死んだのではなく、餓えやマラリヤなどの感染症で死にました。そのことは、あまり報じられていません。「本土決戦」に向けての時間稼ぎのため、玉砕することも許されず、持久戦でアメリカ兵に出血を強いることを命じられた部隊もたくさんありました。生きのびる望みが全くないところで、水も食料も武器も弾薬も絶えたところで、ただひたすら持久戦に耐える……これは想像を絶する世界です。

**Q1** 伏龍（ふくりゅう）特攻隊を知っていますか？

　神風特別攻撃隊や人間魚雷「回天」などはよく知られていますが、「伏龍」は初めて聞いたという人が多いのではないでしょうか。

　少し長くなりますが、島本慈子（しまもとよしこ）著『戦争で死ぬ、ということ』（岩波新書，2006）から引用をします。読み終わったら、「伏龍特攻隊」についての感想を書いて下さい。

> **これが戦争なのか？**
> 　第十五期甲種予科練の清水和郎（長野県出身）が、仲間とともに上官の訓示を受け、「国を救うための特別な任務」に志願を求められたのは、45年6月のことである。清水は旧制飯田中学3年のときに予科練へ入隊。軍から学校への割り当て人数を満たすため、級長という立場から、母子家庭の友人に代わって予科練に入ったという経歴を持っている。
> 　「当時、飛行機を飛ばす石油もなくなって代用品として松根油を使うというので、筑波山で松の根っこ掘りをしていた。特別任務と聞いて『特攻だな、飛行機に乗れるのかもしれない』と思いました。そのころは毎日のように米軍の爆撃や機銃掃射があったから、どうせ死ぬなら攻めていって死んだほうがいい、と。あのとき、生か死かという選択はありませんでした。死ぬことは決まっていて、あとはどんな死に方をするかという死の選択しかなかったんです」
> 　清水は渡された紙に、志願の印の「○」を書いた。そのとき16歳である。
> 　同じ甲種予科練第十五期の川合逸夫（愛知県出身）が、滋賀航空隊で特攻の志願を求められたのは45年7月。川合は一宮商業を卒業し、しばらく軍需工場で働いてから、飛行機のパイロットにあこがれて予科練を志願した。
> 　「戦局の重大性にかんがみ、特攻精神でどうこう……という訓示がありました。そして『希望

## 第5章 避けられる死

するものは一歩前へ』と。その場にいた全員が前に出ました。そら，出ますわね。あのころは負けて生きるという未来がなかったんです。勝つか，勝てないなら死ぬしかない。アメリカに占領されたら殺されると，本当に思っていたから」

川合はそのとき18歳である。

2人とも特攻志願をした時点で，特攻の内容は知らされていない。日を隔てて，2人は神奈川県久里浜海岸に設けられた第71突撃隊（伏龍特攻隊）に配属され，そこではじめて伏龍特攻の詳細を教えられて驚愕する。

人間魚雷「回天」の部隊に配属された人たちは，全長14.75メートル，黒塗りの巨大な自爆兵器と対面したときの衝撃を，さまざまに綴っている。

「われわれはついに，みずからの乗るべき兵器を見た。（中略）もはや，われわれは人間であり続けることはできないのだという感覚が，そのとき以来の思想，行動のすべてを支配した」（神津直次『人間魚雷回天』）

「この巨大な物体を眼にした時の衝撃を何と表現すべきか。自分が死刑囚だと知っていても"お前の処刑に使う絞首台はこれだ"と見せられたら，やはりこんなショックを受けるだろう。（中略）俺はこの中に入って死ぬんだ，これが俺の棺桶なんだ——みんな黙りこくって"寂として声なし"の状態だった」（岩井忠正・岩井忠熊『特攻』）

しかし，伏龍部隊に配属された人たちが受けたショックは，それともまた違っている。航空機による体当たり，巨大な魚雷に乗り込んでの突撃。それらは，敵に当たることができれば成果がある，という見通しがあった。けれど伏龍という特攻は，**「こんな攻撃が成り立つのか」**という根本的な懐疑を，特攻隊員へ与えたのである。

清水は語る。

「伏龍の装置を見せられたときは，びっくりした。『えーっ，こんなもんで戦争になるんか』と，本当にびっくりした。こんな服装でね，海の底から突き上げるというわけでしょ。5，60メートル間隔に並べといっても，どうやってそれを測るんだ。印がついているわけでもないのに。第一，海底にいるときは，**必ず前傾姿勢**でいないといけないんです。そうでないとひっくり返ってしまい，自分では起き上がれないから。海底を見ているのに，どうやって，上をいく舟艇を見つけることができるんですか」

川合はいう。

「仲間うちではね，これは漫画的発想だと。アメリカの上陸用舟艇というのは，両脇へ爆弾を落としながらものすごいスピードで動いていく。それに対し，こんな攻撃に効果があるのか，と。それにみんなが50メートル離れている，**その間を敵がすり抜けてしまったら意味がないわけで**しょ。しかし『これはおかしい』と言うことはできなかった。国の命令は絶対でしたから。お国の方針にたてつくものは非国民と言われた時代です。夫が出征するときに泣いた女性が，国賊とののしられたこともありました。ああいう時代に，こういう特攻のためにわずかの期間とはいえ本気で訓練したということを，いまとなっては恐ろしいと思います」

前出の『特攻』を書いた岩井忠正は，学徒出身の士官として，回天特攻から伏龍特攻へ，特攻のたらいまわしにあっている。同書によれば，伏龍特攻基地の士官の間では，「こりゃきっと漫画から思いついたんだぜ」「誰だ，こんなこと考え出した奴」という会話が交わされていたという。

いまとなっては笑えることであっても，効果さえ定かではない漫画的発想のために，少年たち

は「命を投げ出せ」と求められた。その事実は、人間に対する陵辱でしかない。

しかも伏龍には他の特攻にはない恐ろしさがあった。もし一人が首尾よく攻撃に成功したとすれば、その爆発の水圧が隣にいる者の機雷を爆発させ、誘爆につぐ誘爆によって、部隊全員が死亡する可能性があったのである。やはり予科練から伏龍特攻隊員となった門奈鷹一郎は、著書『海軍伏龍特攻隊』にこう記している。

「大部分の特攻は、それが攻撃に移ったとき、一人または数人の犠牲のもとで行われるものであった。一隻の上陸用舟艇攻撃のため、何百人もの犠牲が予測される『伏龍特攻』は、戦局挽回への悲願をかけての案出であったとしても、あまりに無謀すぎるものではないか！

敗戦間際、竹槍による一億総特攻精神に触発されて計画されたという伏龍特攻作戦は、これが計画された時点で、『戦争という勝敗』を度外視した玉砕（全滅）作戦であった」

行間に漂う静かな怒りに胸がいたむ。「一旦緩急あれば義勇公に奉じ、以て天壌無窮の皇運を扶翼すべし（危機があれば一身を捧げて皇室国家につくせ）」（教育勅語）、「死は鴻毛（オオトリの羽毛）よりも軽しと覚悟せよ」（軍人勅諭）という価値観が社会を支配し、その他すべての声が圧殺・抹殺された時代は、ついにこの「消耗大作戦」へと行きついた。

戦争の最終盤にはじまった**伏龍特攻の訓練**は、はじまって2ヶ月ほどで終戦を迎え、実戦に使われることはなかった。しかし、実戦はなかったのにもかかわらず、この特攻は訓練だけで数多くの死者を出した。川合は久里浜に着いた翌朝、毛布をかけられ戸板で運ばれていく遺体を見たという。「浦賀のペリーの碑の前で潜水歩行の実験をしていたとき、8名が犠牲になった」という証言もあり（門奈鷹一郎・前掲書）、「毎日が通夜というありさまでした」と語る人もいる（『北海道新聞』2000年1月13日）。日本では終戦のとき全国一斉に書類焼却がおこなわれたこともあり、**犠牲者の人数**は定かではないが、**一説では50名とも言われる。**

空気清浄缶のはんだづけが不十分なために、また、資材もなく缶そのものが薄くつくられていたために、水が苛性ソーダに混入し、喉や内臓を焼かれ激痛に悶えながら死んだ少年。「鼻で吸って口で吐く」という不自然な呼吸法を強いられたために、呼吸法を間違え、炭酸ガス中毒になって死んだ少年……。

彼らは二度と戻ってこない。久里浜の海岸沿いには、救出できないままの遺体がまだ沈んでいる、とも言われている。

### 特攻の現場で起きたこと

かつての特攻作戦をにない、生き残った人々は、それぞれが仕事の第一線を離れる年齢となった。いま川合は「戦争体験を語りあう会」で、また清水は「新世紀に戦争を語り継ぐ会」で、それぞれに戦争体験を語りはじめている。

川合はいう。

「よく言われることが、どうして予科練なんかに志願したんだと、どうして戦局を見抜けなかったんだと。それに対しては、『一色に染まっていく時代の怖さがわからない、それこそが平和ボケだ』と答えます。このまえ押し入れから、予科練を受験するときの歌が出てきました。『空ゆかば　雲染む屍と謳いつつ　大空かける若鷲たらん』というものです。ああ、自分がこういうことを書いていたんだな、と。自分はまだ子どもで判断力がなかったし、どうとでも染まる状態でしたから、精神的なつらさという点ではましだった。そういう盲目的な教育をしたことも、国

# 第5章 避けられる死

の方針だったんでしょうね。それに比べると，大学からきた予備学生の人たちはつらかったと思います。彼らは教育を受けており，世界の情勢も知っていた。どうにもならないとわかっていても，飛び込まざるを得ない。お国の方針に反抗しようものなら，たちまちアカだと言われて，家族親戚一同に迷惑がかかるから。苦しみながら飛び込んでいった心中を思うと……。子や孫たちの世代には二度とああいう体験をさせたくない」

清水は，高校へ講演に行ったとき，伏龍の装備をイラストにして見せた。すると，それを見た高校生たちがげらげらと笑い出したという。

「こんなの漫画だ，あほらしい，というわけです。確かに漫画だから，大いにあざ笑って，二度とやっちゃならんということにしなければならない。だって，この特攻のために本当にたくさんの人が死んだんですよ」

多くの人がそうであるように，清水も長く，特攻の体験を語らなかった。

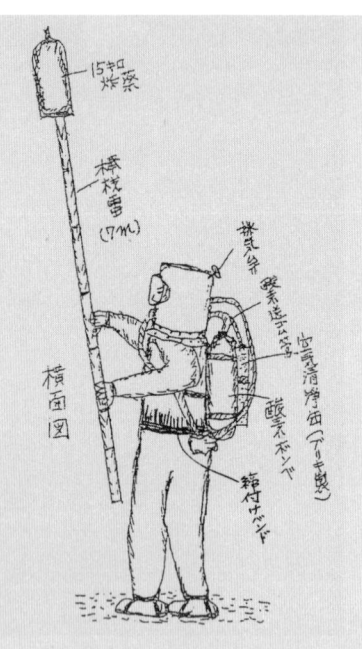

「本当に，あんなことね，あんなこと，思いだしたくもない。新憲法が発布されたときにね，そのときにようやく安心したですよ。ああこれで俺は特攻へは連れ出されない。あんな苦しみからは，これで解放されたと。だから安心して沈黙を続けることもできた。けれど，日本は曲がってしまったね。自衛隊のイラク派遣で。あれは自衛じゃない，日本は変わってしまった。戦争っていうのは急にはじまるんじゃないですよ。どんどんマインドコントロールをしていくんです。最近，特攻を美化する風潮がある。ああ，俺たちがやられたことと同じだと思うと，これは話さなければならない，と。

突っ込んでいく，勇ましく，崇高な，と。そんなもんじゃないよ。自分がやってみろ。特攻隊員は出撃のとき，『睡眠防止剤』と称して覚醒剤を渡されたという話を，複数の人から聞いたことがあります。あくまでも伝聞ですから，事実かどうかはわからない。覚醒剤を飲んだか飲まないか，それはわからないけれども，どっちにしたって同じですよ。自分を失って突っ込んでいくんだ。僕だって伏龍のイラストを描いたけれど，描けるのはここまで，棒機雷を持って立っている姿までですよ。この機雷が舟艇の底に当たったときにどう爆発するか，それは描けない。爆発するところなんか，描けないですよ。死ぬんだよ，死ぬところを……。僕にも描けるのはここまでなんです」

伏龍特攻隊（画・清水和郎）

&lt;感想&gt;

# 3 軍隊に入れば、愛する家族を守れるのか？

**Q1** 『男たちの大和／YAMATO』あるいは、鹿児島県知覧の特攻隊基地を描いた『俺は、君のためにこそ死ににいく』といった戦争映画の中で、「愛する人のために戦うと言って死んでいった男たち」に感動する私たちがいるとします。
　その場合、本当は、一体何に感動しているのでしょうか？

---
---
---
---
---
---
---

**Q2** 「ただ、愛する人を守りたかった」と言って死んでいく彼らに決定的に欠けているものがあると思います。　それは一体、何でしょうか？

---
---
---
---
---
---
---

**Q3** 「戦争は避けられない」「その時代の中では仕方がなかった」という考え方があります。　この考え方に対して、あなたはどう思いますか？

---
---
---
---
---
---
---
---
---

# 第5章 避けられる死

**解説** 高橋哲哉・斎藤貴男編・著『憲法が変わっても戦争にならないと思っている人のための本』（日本評論社，2006）の中に，「戦争する国と愛国心」という，高橋哲哉さんの論考があります。それを参考にしながら，考えていきます。

Q.1 まず，自分が国家の命令によって出撃していくことが，「愛する人を守る」ことにつながるのかどうか，考える必要があります。戦争を長引かせることになり，愛する人の苦難も長期化するかもしれません。まして，自分自身が死んでしまったら，「自分自身の力によって」愛する人を守ることはできなくなります。

　個人的な決意というものをはるかに超えたところで，国家権力同士の戦いが起こっているのが戦争です。その中で，個人的に愛する人を守るということは，現実には無理です。自分が死ぬことによって，家族が悲しみ，その後の苦しい人生が待っているだけです。戦争は，国家権力の発動によって，国民を犠牲にして進められる巨大な暴力です。いざ，始まってしまえば，個人の力ではなかなか変えられないのが戦争です。戦争を早く終わらせるために，戦争を続ける国家を批判し，命をかけるとすれば，それは愛する人，そして戦っている相手国の人たちをも守ることになるかもしれません。自分一人が抵抗しても何の意味もないと思うかもしれませんが，自分一人が特攻隊で死んでも，そういう意味では何の意味もありません。

　日本は小さな島国で平野部に人口が集中しています。ミサイルが都市部に着弾して水道・ガス・電気などのライフラインが破壊されれば，人的・物的被害は甚大なものになります。原子力発電所にミサイルを撃ち込まれたら，とてつもない放射能汚染に見舞われます。いくら迎撃ミサイルが進歩しても，全てのミサイルを撃ち落すことは不可能です。食糧自給率も低い。ひとたび戦争（武力行使）が始まれば，国民の生命・安全は大きな危険に直面します。**愛する人も，その中に巻き込まれます。**核兵器は言うに及ばず，通常兵器の殺傷力・破壊力が飛躍的に増大した今日，本当に愛する人を守りたいと思うのであれば，何をおいても戦争だけは絶対にしてはならないのです。

　2001年9月11日の全米同時多発テロへの報復として始まった，アフガン攻撃。2003年3月にアメリカ軍・イギリス軍の先制攻撃によって始められたイラク戦争。世界最強のアメリカ軍に反撃しようとする者は，ゲリラ化して抵抗するしかありません。一般の市民に溶け込むわけで，アメリカ兵から見れば，誰が敵なのかは区別がつきません。「危ない！」と思って発砲し，殺した相手がゲリラとは無関係だったという場合もよくあります。親を殺された子どもたちは人生が変わります。成人して，「反米テロリスト」になることも容易に想像できます。反対に，発砲することをためらっていたら，お腹にダイナマイトを巻きつけた自爆テロを起こされ，自分たちが死んでしまうこともあります。発砲するのか，しないのか，先に攻撃をするのか，しないのか……極度の緊張感の中でアメリカ軍はアフガニスタンやイラクに駐留しています。

　軍事的な決着はすぐについたかのように思われましたが，その後のアフガニスタン，イラクを見れば，アメリカ軍の混迷と苦悩は誰の目にも明らかです。政治的な安定が程遠い中でアメリカ

軍が撤退すれば，内戦が更に激しくなります。反対に駐留を続ければ，アメリカ軍に対するゲリラ攻撃や自爆テロはその後も続くでしょう。
　　撤退をするのもだめ，駐留をつづけるのもだめ，完全な袋小路です。戦争は，始めることよりも止めることの方が，はるかに難しいものです。軍隊を指導する立場にある人は，敗戦の責任を負いたくないために，なかなか「止める」という決断ができません。
　　もう一度言います。愛する人を守りたいのであれば，何をおいても戦争は避けなければなりません。始まってしまってから「愛する人を守る」ということは，ほとんど不可能です。

Q.2　実に単純なことなのですが，自分がそのようにして「殺しにいく」相手にも，自分と同じように愛する人がいます。大切な家族，恋人，友人がいます。たったそれだけの想像力です。その「想像力」が欠けていると言わざるをえません。

Q.3　これは，私が「仕方がなかった」史観と呼んでいるものです。「そういう時代だったのだから仕方がなかった」「残虐な行為もあったかもしれないが，戦争とはそういうものだ」「平和で民主的な現代の価値観で当時のことを裁くのは間違っている」。この考え方でいくと，過去から学ぶということはできなくなります。最も大切なことは，「繰り返さないためにはどうすればよいか」ということを，あらゆる知恵と知識と勇気を動員して考えていくことではないかと思います。
　　ヨーロッパが「二度と戦争をしないヨーロッパ」を目指して，ＥＵ（欧州連合）としての歩みを続けています。20世紀の中ごろに，「二度と戦争をしないヨーロッパ」を現実のものとして想像できた人がどれくらいいたでしょうか。多くの問題を内包しているものの，ＥＵの壮大なチャレンジは，私たちに大きな希望を与えてくれています。将来的には，「二度と戦争をしない東アジア」を目指して，東アジア連合のようなものができることを願いますし，その実現に向けて努力をすることは価値のある作業だと思います。

　デス・エデュケーションを展開していく中で，私たちは人間の「死」を見つめます。限りある「生」を意識することで，自分の命や他者の命を輝かせ，今，与えられている人生をより豊かなものにすることを考えます。
　そのためにも，「避けられる死」である戦争は，絶対に避けなければなりません。「よい死に方」というものがあるとするならば，戦争で殺したり殺されたりという死に方は，その対極に位置するものであることは間違いありません。

# おわりに

　自分や他者のいのちを大切にしない事件やニュースが次々に起こる。身近なところでは，生徒の口からいとも簡単に飛び出す，「死ね」「殺すぞ」という言葉で，とても暗い気持ちになる。教育の現場に身をおく者の一人として，何かできないだろうかと考えるとき，私自身はデス・エデュケーションに行きつく。自分自身の死は，経験するまで本当のところは分からないかもしれない。しかし，大切な人の死は，ほとんどの人が経験する。想像力を駆使して，「死」とその周辺で起こる事柄に思いをめぐらせることには大きな意味がある。

　たとえ，自分にとっては不都合な相手であっても，「ささやかないのちをプレゼントされて，限りある人生を生きている同じ人間」としての連帯感を抱くことができれば，私たちの社会はもっと住みやすい，生きていてよかったと思えるものになるはずである。イジメなどの弱者への人権侵害も減少していくはずである。

　デス・エデュケーションを本格的に実践するようになってから，多くの出会いや学び，気づきがあった。今もそれは続いている。私に貴重な示唆を与えて下さった方々，特に授業の感想をさまざまな形で私に伝えてくれた関西学院高等部の生徒諸君に感謝をしたい。すぐれた書物，インスピレーションを吹き込んでくれた書物，それらを世に送り出して下さった方々にも感謝している。

　推薦の言葉を頂いた藤井美和先生には特に感謝をしたい。私が担当する高校3年生の選択科目「倫理研究（死生学入門）」を受講している生徒たちと一緒に，藤井ゼミ4年生の卒業論文経過報告会に参加させて頂いたこともある。死生学の研究分野は実に多岐にわたっているので，視野を広げる上でもとても参考になった。同じキャンパス内に優れた専門家がおられることは，本当に幸いなことである。

　まだまだ改善すべき点や，深めなければならない点は多い。拙著を通して，新たな出会いや交流の機会が与えられることを願っている。

　清水書院大阪支社の中村雅芳氏のご尽力がなければ，本書を出版することはできなかった。記して感謝したい。

　初版発行の翌年，2010年7月に改正臓器移植法が施行された。この度，増刷の機会に内容の修正と若干の追加を行った。新たなデータの差し替えも行った。第4章　避けられるかもしれない死　3　孤独死　も，新たに加えた部分である。2011年3月11日に起きた東日本大震災に関連して，第2章　予測できない死　3　自然災害　の部分も，加筆・修正をした。

　最後になったが，心配事や悩み事とともに，多くの喜びを私に与えてくれている私の家族に「ありがとう」の言葉を伝えたい。彼女たちのおかげで，私の人生は本当に豊かなものとなっている。人生を分かち合う人が与えられていることを当たり前と考えてはいけない，そう思いつつ日々を過ごしていきたい。
「生きているだけで　親孝行」
「人生そのものが　神様からのプレゼント」
「ありがとう　出会った人は　みんな天使」

2013年1月

古田　晴彦

〔参考資料〕

慶應義塾大学出版会『教育と医学』53巻6号（2005年6月号，P.22～P.29）に，授業から1年後のアンケート結果（無記名式）を掲載している。「死ね」「殺すぞ」という言葉に，反応するようになった生徒が増えている。初期の頃の授業の概要も報告しているので，巻末に掲載しておく。

## 高等学校における「生と死の教育」

古田晴彦

### ◆はじめに◆

高等学校では，2003年度から「総合的な学習の時間」が導入された。生徒の「学力低下」を招いた元凶であるとして，文部科学大臣などから早くも「見直し」の声が上がっているが，新しい取り組みを評価するにはあまりに時期尚早と言わざるをえない。教科横断的なテーマとして，人権・環境・共生・戦争と平和・ボランティア活動などが注目を集めている。生命，生と死なども多面的な広がりをもつテーマとして認知されつつある。

筆者が勤務する高校は，大学推薦制を前提とした特殊な高校であり，「総合的な学習の時間」の先取りともいえる授業が，週1時間の「読書」の授業において既に実践されている。

本稿は高校1年生の「現代社会」の中で筆者が展開した「生と死の教育」の記録である[1]。45分授業10～12回の構成であるが，詳しい内容に関しては拙著[2]を参考にしていただければ幸いである。一般の高校では，公民・家庭・保健・生物・国語・英語・音楽・美術・地歴などの各教科担当教師が分担して実施することも，十分可能である。

2年目の授業を行った生徒たちに対し，1年後に「生と死の教育」に対するアンケートを実施したので，その結果も併せて報告したい。[3]

### ◆デス・エデュケーションを始めるまで◆

1996年度より，勤務校で人権教育主任に任じられた。人権教育のカリキュラム改編を行う中で，1学期に行われる3年生の「人権講座」を「生と死」というテーマで実施することに決め，準備をしていた。全く思いがけないことであったが，時を同じくして妻のガンとの闘病が始まることになった。大手

術の後約半年の入院，以後妻が亡くなる日までの4年間は，まさに「生と死」を見つめる日々となった。生と死に関する経験は個別性が強く，個人差が大きいものである。しかし，個別性が強いとはいっても，死別体験の中に普遍的なもの，多くの人が同じように経験することが存在することも事実である。日本人の3人に1人がガンで死亡することを考えれば，一般病院からホスピスケアへのスイッチのタイミングを含め，妻の闘病記録そのものも教材の一つになるのではないかと考えた。

　たまたま伝達対象がいる仕事をさせていただいていること，職場の上司や同僚の理解と支援をいただけたことを心から感謝している。約1年半の準備期間を経てこの授業を実施した。

### ◆実践報告と生徒の声◆

　兵庫県では1995年の大震災と，1997年の神戸連続児童殺傷事件を契機として兵庫・生と死を考える会（会長・高木慶子，英知大学教授）が，「生と死の教育」研究会を発足させた。この研究会によって，教育現場で実践できるカリキュラムが1999年9月に発行されていたので，これを土台として授業の構成を行った。

　独自にアレンジを加えたり，挿入した講義もある。10回の授業内容の概略は以下のようなものであった。

#### 1　命のつながり
　精子と卵子の結びつく確率，膨大な遺伝子情報の伝達，8代まで遡った家系図の作成（父母のみの記述）を通して，命のつながりについて考えてもらった。

#### 2　死の恐怖・生きる意味
　死ぬのがなぜ恐いのかを考察するために，死への恐怖・不安を分析した。「生きる意味」を実感できているか否かも，死への恐怖に一定の影響を持つのではないかと示唆し，佐野洋子著『100万回生きたねこ』（講談社）を全員に読んでもらい，感想を書かせた。

#### 3　避けられない死・避けられるかもしれない死
　交通事故死とイジメを苦にした自殺を中心に，10代の若者にとって「避けられるかもしれない死」と言えるものについて考察した。

#### 4　死に別れた人の悲しみ
　2人称（大切な人）の死について，残された者の悲嘆のプロセスを学んだ。悲嘆の中にある人に対してコミュニケーションの妨げとなる言葉についても学習した。

#### 5　生と死について学ぶことの必要性
　本来ならば，もっと早い時期に行ってもよい内容であったが，諸般の事情により中盤で挿入することとなった。医学や生命科学の進歩により，命や死について一人ひとりがしっかりと考えねばならない時代になってきた点を特に強調した。

#### 6　生と死をとりまく現代医療
　ここから3回続けてガンの授業となった。ここでは，告知とインフォームド・コンセントを中心に，日本の医療現場における問題点を考察した。「真実のコミュニケーション」に関しては，日頃からの家族の努力が前提となることを付け加えた。

### 7　子どもにどう伝えるか・医療者側とのコミュニケーション

　児童・生徒がガンになる苛酷なケースもあるが，確率からすれば親がガンになり，それを子どもにどのように伝えるかで悩むケースのほうが多い。『月の輝く夜に―がんと向き合うあなたのために―』（リサ・サックス・ヤッファ著，先端医学社）を一人ひとりに読んでもらい，ケース・スタディを行った。医師との上手なコミュニケーションの取り方に関しても，要点を紹介した。

### 8　死の看取り（ターミナル・ケア）

　予測できる死で，病状告知がなされている場合にはターミナル・ケアが可能である。在宅・一般病院・ホスピスに関して，それぞれの長所・短所を整理し，各自が考える「理想の看取り」について考えてもらった。また，死の看取りにおける「傾聴」の重要性にも言及した。

### 9　喪失体験と悲嘆の作業

　人生における様々な喪失体験を分析した後，神戸の連続児童殺傷事件で長女・彩花ちゃんを亡くした母親・山下京子さんの死別後1年の歩みを記したドキュメンタリー・ビデオを視聴した。山下さんのグリーフ・ワーク（悲嘆の作業）を通して，「死と再生」に思いを巡らせた。

### 10　生と死を学んできて（まとめ）

　9回の講義内容を簡単に振り返ってから，最も印象に残った講義，自分の中に起こってきた心の変化について記述してもらった。

　最も印象に残った講義として，表1に示したように「死に別れた人の悲しみ」をあげた生徒が92名と，全体の3分の1近くにのぼった。生徒の声の一部を紹介したい。

　「大切な人を失った人は，大体同じような道をたどってだんだん悲しみが薄れていくんだということが分かってよかった。自分がそういうことに直面しても，自分だけが特別なんだとは思わないと思う」（K・H）

　「今までも死に関することを考えてはいました。死んだらどうなるのだろうか，苦しいのだろうか，そんなことを考えることはありましたが，これは1人称の死でありました。自分が死んだら誰が悲しむだろうかとかそんなことは全然考えていませんでした。しかし，第4講の授業を受けて，他人がどう思うかという考えの幅が広がりました」（S・N）

　「大切な人を亡くした人へは何を言っても慰めにならないんだということを強く感じた。その人にしてあげられることは，決してその人の辛さを同じように感じることはできないけれど，黙ってサイド・バイ・サイド，その人と同じ立場に立って，その人と悲しみを分かち合うことが一番だと強く感じた」

表1　最も印象に残った講義（生徒の回答）　（人）

| 内容 | クラス | A | B | C | D | E | F | G | 合計 |
|---|---|---|---|---|---|---|---|---|---|
| 1 | 命のつながり | 4 | 6 | 4 | 2 | 2 | 3 | 4 | 25 |
| 2 | 死の恐怖・生きる意味 | 6 | 11 | 6 | 13 | 7 | 7 | 3 | 53 |
| 3 | 避けられない死・避けられるかもしれない死 | 1 | 1 | 0 | 2 | 2 | 0 | 3 | 9 |
| 4 | 死に別れた人の悲しみ（悲嘆のプロセス） | 11 | 14 | 13 | 13 | 12 | 15 | 14 | 92 |
| 5 | 生と死について学ぶことの必要性 | 1 | 0 | 1 | 0 | 0 | 3 | 3 | 8 |
| 6 | 告知とインフォームド・コンセント | 3 | 2 | 3 | 1 | 2 | 4 | 4 | 19 |
| 7 | 子どもにどう伝えるか・医療者側とのコミュニケーション | 7 | 5 | 9 | 1 | 6 | 6 | 5 | 39 |
| 8 | 死の看取り（ターミナルケア） | 5 | 2 | 1 | 1 | 4 | 0 | 2 | 15 |
| 9 | 喪失体験と悲嘆の仕事 | 6 | 2 | 7 | 10 | 10 | 5 | 6 | 46 |
| 合計 | | 44 | 43 | 44 | 43 | 45 | 43 | 44 | 306 |

(S・N)

## ◆生徒による「生と死の教育」の評価◆

　2003年の1月から2月に2回目の授業を実施したが，授業から1年後の2004年2月に生徒たちが「生と死の教育」をどのように評価しているかを調査するアンケートを実施した。内容的に，もっと吟味したアンケートを準備すべきであったと反省しているが，無記名方式で行ったため，生徒たちの率直な受けとめ方を推察する一助になるものと思われる。アンケートの一部を紹介したい（図1）。

　回答方式は五者択一を基本方式とした。

①この授業を受けたことによって，「死」「殺人」「死別の悲しみ」などについて，以前よりも考えることが多くなりましたか。

　「変わらない」が96名，「やや多くなった」が134名，「多くなった」が58名，「やや少なくなった」11名であった。299名中192名，64％の生徒が授業後1年間の変化を認識している。

②「死ね」「殺すぞ」という言葉が，高校生の間でよく使われる風潮がありますが，あなたは授業を受ける前，他者に対してこの言葉を使っていましたか。

　「使っていなかった」33名，「ほとんど使っていなかった」48名，「分からない」21名，「時々使っていた」127名，「使っていた」70名であった。197名，66％の生徒が「日常的に」使っていたことになる。

③「生と死の教育」を受けた後，この1年間で「死ね」「殺すぞ」という言葉を使う頻度は変化しましたか。

　「少なくなった」69名，「やや少なくなった」76名，「変わらない」147名，「やや多くなった」4

図1　生徒による「生と死の教育」の評価

①「死」「殺人」「死別の悲しみ」などへの思考の機会
- やや少なくなった 11名（3.7）
- 多くなった 58名（19.4）
- 変わらない 96名（32.1）
- やや多くなった 134名（44.8）

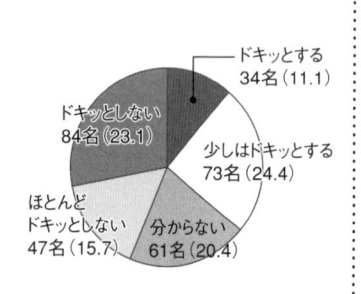

②「死ね」「殺すぞ」という言葉の使用頻度（授業経験前）
- 使っていなかった 33名（11.0）
- ほとんど使っていなかった 48名（16.1）
- 分からない 21名（7.0）
- 時々使っていた 127名（42.5）
- 使っていた 70名（23.4）

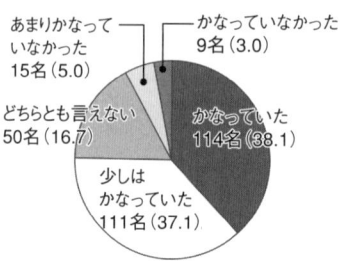

③「死ね」「殺すぞ」という言葉の使用頻度（授業経験後）
- やや多くなった 4名（1.3）
- 多くなった 3名（1.0）
- 少なくなった 69名（23.1）
- やや少なくなった 76名（25.4）
- 変わらない 147名（49.2）

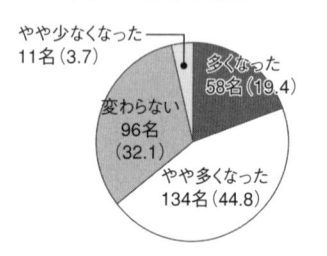

④今現在、「死ね」「殺すぞ」と言われてドキッとしますか
- ドキッとする 34名（11.1）
- 少しはドキッとする 73名（24.4）
- 分からない 61名（20.4）
- ほとんどドキッとしない 47名（15.7）
- ドキッとしない 84名（23.1）

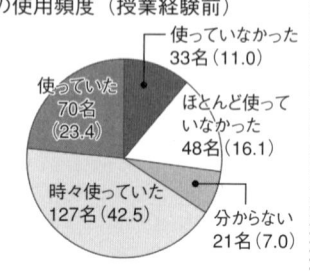

⑤この授業は、目的にかなっていたと思いますか
- かなっていなかった 9名（3.0）
- あまりかなっていなかった 15名（5.0）
- どちらとも言えない 50名（16.7）
- かなっていた 114名（38.1）
- 少しはかなっていた 111名（37.1）

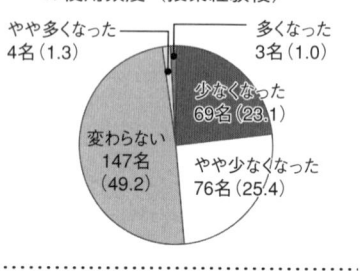

⑥高校で「生と死の教育」を行う意味はあると思いますか
- ないと思う 7名（2.3）
- あまりないと思う 13名（4.3）
- どちらとも言えない 17名（5.7）
- 少しはあると思う 82名（27.4）
- あると思う 180名（60.2）

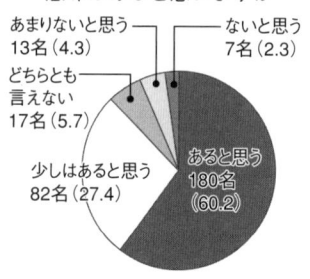

名，「多くなった」3名であった。半数近くが「変化なし」と答えているが，ほぼ同数の145名の生徒が「少なくなった」と答えている。率直な認識を回答してくれたと考えると，授業者にとっては励まされる結果であるといえよう。

④今現在，「死ね」「殺すぞ」と言われてドキッとしますか。

「ドキッとする」34名，「少しはドキッとする」73名，「分からない」61名，「ほとんどドキッとしない」47名，「ドキッとしない」84名であった。131名，44％の生徒がこの言葉の「日常化」を認識しているが，一方で107名，36％の生徒がこの言葉に反応するようになったことは，③の結果と併せて「生命の尊さ」の認識・判断が深まったことを示唆している。

⑤この授業は，「『死』を見つめることを通して，自分がかけがえのない存在であることに気づき，同じようにかけがえのない存在である他者を思いやる心をはぐくみ，よりよく生きること」という目的にかなっていたと思いますか。

「かなっていた」114名，「少しはかなっていた」111名，「どちらとも言えない」50名，「あまりかなっていなかった」15名，「かなっていなかった」9名であった。225名，75％の生徒が「生と死の教育」を好意的に評価してくれたことになる。しかし，少数ではあっても授業を積極的に評価していない生徒がいることに注意を向けなければならない。中には「生と死」をめぐって，とても辛い体験をしている生徒もいるかもしれない。少数者の意見をできるだけ丁寧に拾っていくことも，今後の課題である。

⑥高校で「生と死の教育」を行う意味はあると思いますか。

「あると思う」180名，「少しはあると思う」82名，「どちらとも言えない」17名，「あまりないと思う」13名，「ないと思う」7名であった。262名，88％の生徒が授業の意味を積極的に評価してくれていた。

### ◆今後の課題◆

拙著の中でもいくつかの課題に言及しているが，最も神経を使う問題は，既に大切な人との死別を経験した生徒，現在経験しつつある生徒に対する配慮である。

可能な限り把握をして，授業開始前に面談をするようにしているが，担任も把握していない場合があり，十分な配慮ができているとは言い難い。中学生や小学生であれば，さらに丁寧な対応が必要である。

評価方法に関しては，死の不安・恐怖の軽減を測定するものが米国で主流をなしていることが報告されている。[4] 今後は，デス・エデュケーションの目的や調査対象に適した尺度の研究，並びに死への関心や生命の尊重，充実した生き方などにも着目した効果測定の方法を開発することが必要になってくるものと思われる。

また，医療・看護職向けのデス・デュケーションと一般高校でのデス・エデュケーションとの相互乗り入れ（異業種交流）を，部分的にでも実施していくことができれば，デス・エデュケーションの展開がより重層的なものになると思われる。

### ◆おわりに◆

学習指導要項の中に，「死を学ぶ」という項目が明記されるようになれば，実践の広がりという点で

は大きな進展をみることになると思われる。しかしそれは,「生と死の教育」に関して非常に消極的な教員もこの授業を担当する可能性があるということを意味する。取り上げ方によって,そしてまた個々の生徒が置かれている状況によって,生徒に深い傷を与えてしまう可能性もある授業である。ただ単に普及すればよいという性格の授業とは少し異なるように思う。

　しかし,核家族化の進行と地域社会の解体により,家族や地域社会が持ち合わせていた悲嘆のケアの機能は弱まっている。人々の意識の中には昔の地域共同体的なものが残っているとしても,もはや高度経済成長期以前のような地域共同体を復興させることは不可能であろう。新たな支え合いのネットワークを作っていくためには時間がかかるが,これには教育が果たす役割が大きいことは疑いようがない。矛盾するようであるが,「生と死の教育」の普及は必要なのである。

　誰もが長くても数十年後には直面する死。その死を見つめることで,いのちをプレゼントされている者としての連帯感を育んでいきたいと願っている。

[参考文献]

1) 古田晴彦「連載研究『総合的な学習の時間』の授業づくり (35)」,兵庫県教育委員会発行『兵庫教育』2003年6月号に加筆
2) 古田晴彦『「生と死の教育」の実践—兵庫・生と死を考える会のカリキュラムを中心に—』,清水書院,2002年
3) 古田晴彦「『生と死の教育』の評価—1年後のアンケート調査から—」,関西学院高等部『論叢』第50号,2004年
4) 福本　香『死の捉え方とデス・デュケーションを巡る一考察—現代日本の学生にみる死の捉え方とデス・エデュケーションの可能性を探る—』,関西学院大学大学院総合政策研究科修士論文,2003年

〈著者略歴〉

| 1981年 | 関西学院(かんせい)大学文学部心理学科卒業 |
| 1983年 | 関西学院大学社会学部社会学科卒業 |
| 1983年4月より， | 捜真(そうしん)女学校中学部・高等学部（横浜市）社会科教諭 |
| 1990年4月より， | 関西学院高等部　社会科（公民科）教諭 |
| 2000年5月より， | 兵庫・生と死を考える会　会員 |
| 2001年4月〜8月 | 死生学の研究とdeath educationの準備のため，短期内地留学（上智大学，関西学院大学神学部大学院他） |
| 2001年9月 | 米国東海岸・ホスピス視察研修に参加 |
| 2002年度 | 大阪大学大学院人間科学研究科聴講生（「臨床死生学」講座） |
| 2003年度 | 関西学院大学社会学部で「死生学」を聴講 |
| 2010年度より， | 神戸学院大学総合リハビリテーション学部　非常勤講師 |

著書に妻との死別体験，その後の教育実践などをまとめた『「生と死の教育」の実践』（清水書院，2002）

『高校生のための「いのち」の授業』（祥伝社黄金文庫、2013）

定価は表紙に表示

## デス・エデュケーション展開ノート

| 発 行 日 | 2009年3月20日　初版発行 |
| | 2013年2月25日　第2版発行 |
| | 2021年3月25日　第2版第2刷発行 |

| 著　者 | 古田(ふるた)晴彦(はるひこ) |
| 発行者 | 野村久一郎 |
| 発行所 | 株式会社　清水書院 |
| | 〒102-0072 |
| | 東京都千代田区飯田橋3-11-6 |
| | 電話　　　東京（03）5213−7151（代） |
| | 振替口座　00130−3−5283 |

| 印刷所 | 大信印刷㈱ |

Printed in Japan　　　　　　　　　　　　　　　ISBN4-389-43052-8